JOSÉ MARÍA CAÑIZARES MÁRQUEZ
CARMEN CARBONERO CELIS
(AUTORES)

LAS TIC EN LA ESCUELA ACTUAL:

NUEVAS METODOLOGÍAS DIDÁCTICAS EN EDUCACIÓN FÍSICA

AUTORES

José Mª Cañizares Márquez

- Catedrático de Educación Física
- Tutor del Módulo del Practicum del Master de Secundaria
- Especialista en preparación de opositores
- Autor de numerosas obras sobre Educación y Preparación Física

Carmen Carbonero Celis

- D. E. A. en Instituciones Educativas
- Licenciada en Pedagogía
- Didacta del Módulo de Pedagogía General (CAP)
- Maestra de Primaria en centros de Ed. Compensatoria
- Especialista de Pedagogía Terapéutica en centros de Ed. Primaria e IES
- Autora de numerosas obras sobre educación, tanto en Ed. Primaria como en Secundaria.
- Publicaciones en Jornadas y Congresos Universidad de Sevilla

©Copyright: José María Cañizares Márquez y Carmen Carbonero Celis

©Copyright: De la presente Edición, Año 2018 WANCEULEN EDITORIAL

Título: LAS TIC EN LA ESCUELA ACTUAL: NUEVAS METODOLOGÍAS DIDÁCTICAS EN EDUCACIÓN FÍSICA

Autores: JOSÉ MARÍA CAÑIZARES MÁRQUEZ y CARMEN CARBONERO CELIS

Editorial: WANCEULEN EDITORIAL
Sello Editorial: WANCEULEN EDITORIAL DEPORTIVA

ISBN (Papel): 978-84-9993-919-3
ISBN (Ebook): 978-84-9993-920-9

DEPÓSITO LEGAL: SE 1562-2018

Impreso en España. 2018

WANCEULEN S.L.
C/ Cristo del Desamparo y Abandono, 56 - 41006 Sevilla
Dirección web: www.wanceuleneditorial.com y www.wanceulen.com
Email: info@wanceuleneditorial.com

Reservados todos los derechos. Queda prohibido reproducir, almacenar en sistemas de recuperación de la información y transmitir parte alguna de esta publicación, cualquiera que sea el medio empleado (electrónico, mecánico, fotocopia, impresión, grabación, etc), sin el permiso de los titulares de los derechos de propiedad intelectual. Cualquier forma de reproducción, distribución, comunicación pública o transformación de esta obra solo puede ser realizada con la autorización de sus titulares, salvo excepción prevista por la ley. Diríjase a CEDRO (Centro Español de Derechos Reprográficos, www.cedro.org) si necesita fotocopiar o escanear algún fragmento de esta obra.

ÍNDICE

INTRODUCCIÓN 7

1. ¿CÓMO ENSEÑAR EDUCACIÓN FÍSICA HOY? 9

2. METODOLOGÍAS TRADICIONALES EN EDUCACIÓN FÍSICA 19
    2.1. CONCEPTO 20
    2.2. TÉRMINOS RELACIONADOS CON MÉTODO 21
        2.2.1. El método como intervención didáctica 22
        2.2.2. El método como procedimiento de enseñanza 22
        2.2.3. El método como estilo. Sus aplicaciones didácticas 23
        2.2.4. Los estilos de enseñanza vistos por otros autores 28

3. NUEVAS METODOLOGÍAS DIDÁCTICAS APLICADAS A EDUCACIÓN FÍSICA. 31
    3.1. FLIPPED CLASSROOM (FC) O AULA INVERTIDA 33
    3.2. APRENDIZAJE POR PROYECTOS (ApP) Y TAREAS INTEGRADAS (TI) 37
    3.3. APRENDIZAJE COOPERATIVO 48
    3.4. GAMIFICACIÓN O LUDIFICACIÓN 55
    3.5. APRENDIZAJE BASADO EN PROBLEMAS (ABP) 57
    3.6. DESIGN THINKING (DT) O PENSAMIENTO DE DISEÑO 60
    3.7. THINKING BASED LEARNING (TBL) O APRENDIZAJE BASADO EN EL PENSAMIENTO 64

CONCLUSIONES. 67

BIBLIOGRAFÍA Y LEGISLACIÓN. 69

WEBGRAFÍA. 77

INTRODUCCIÓN

La irrupción y posterior consolidación de las llamadas "Tecnologías de la Información y Comunicación" (TIC) y de las "Tecnologías del Aprendizaje y Conocimiento" (TAC), están transformando a gran velocidad todo lo relativo a la enseñanza en general y a su metodología en particular.

La Educación Física también está inmersa en estas nuevas maneras de enseñar y aprender, por lo que cada día es más popular el uso de la **tableta** digital o el ordenador portátil en sus múltiples formatos, complementados por programas o conjunto de éstos que nos permite realizar tareas específicas e interaccionar y comunicarnos con cualquier componente del grupo clase, prácticamente, las veinticuatro horas del día.

Las aplicaciones informáticas que instalamos en tabletas, portátiles y teléfonos móviles inteligentes, sea cual sea el sistema operativo de los mismos, se denominan comúnmente *Apps,* en singular *App,* abreviatura de *Application,* que es la traducción de "aplicación" en inglés.

Contribuye a ello las continuas innovaciones y el incremento espectacular en los últimos tiempos en cuanto a la velocidad en la transmisión de datos, gráficos, fotos, vídeo, etc.

Igualmente, las "bases de datos" educativas cuentan con fondos y motores de búsqueda cada vez más conseguidos y operativos a todos los niveles.

Las diferentes metodologías que vamos a considerar en este libro, son: Flipped Classroom (Aula Invertida); Aprendizaje por Proyectos (ApP) y Tareas Integradas (TI); Aprendizaje Cooperativo; Gamificación o Ludificación; Aprendizaje Basado en Problemas (ABP); Design Thinking (Pensamiento de Diseño) y el Aprendizaje Basado en el Pensamiento (Thinking Based Learning).

Se puede decir que son de las más usadas actualmente en Primaria y Secundaria y cada vez se publican más experiencias de las mismas aunque raro es el trimestre que no aparecen otras novedades en el mercado.

Si bien en este este volumen pretendemos tratar las nuevas metodologías, no debemos olvidarnos de las "tradicionales" que habitualmente seguimos en Educación Física -basadas fundamentalmente en los "Estilos de Enseñanza-, y que son compatibles con las de vanguardia, más centradas en la investigación, cooperación y el desarrollo del pensamiento del alumnado, y que tienen como principales recursos las herramientas de tipo multimedia: ordenador, tabletas, móviles y sus aplicaciones informáticas.

Nuestra propuesta pretende dar unas pautas básicas para que los docentes interesados puedan utilizar estas metodologías en sus centros, si bien deberán previamente considerar las condiciones de aplicación a sus contextos, posibilidades y recursos.

1. ¿CÓMO ENSEÑAR EDUCACIÓN FÍSICA HOY?

Todos sabemos que hay una serie de aspectos que hacen a la metodología de la Educación Física un tanto **diferente** a la de las demás áreas y asignaturas. Por ejemplo, la organización del grupo y de sus recorridos, los recursos espaciales y materiales, medidas de seguridad, el ruido propio de la actividad, etc. Por otro lado, el feedback es inmediato, el aprendizaje manifiesto, las interacciones entre el grupo y de éste hacia el profesorado muy significativas, así como las aportaciones que realizamos al aprendizaje de otras materias, etc. (Cañizares y Carbonero, 2018).

La LOMCE/2013, indica que *"los centros docentes podrán diseñar e implantar métodos pedagógicos y didácticos propios"*. Pero también, que *"los organismos educativos podrán realizar recomendaciones en la metodología didáctica para los centros docentes de su competencia"*.

Por otro lado, El D. 328/2010, de 13 de julio, por el que se aprueba el Reglamento Orgánico de los colegios de educación primaria, BOJA nº 139, de 16/07/2010, en su artículo 8, recoge que uno de los derechos del profesorado es *"emplear los **métodos de enseñanza y aprendizaje** que considere más **adecuados** al nivel de desarrollo, aptitudes y capacidades del alumnado, de conformidad con lo establecido en el proyecto educativo del centro"*.

Abordamos **resumidamente** la metodología **tradicional** de la enseñanza a través de **cuatro epígrafes** que están **interrelacionados**, basándonos, entre otros, en la O. ECD/65/2015, O.17/03/2015 y en autores tales como Blázquez -coord.- (2016) y Cañizares y Carbonero (2018).

a) NORMATIVA LEGISLATIVA		
b) Principios básicos a tener en cuenta en la intervención didáctica	c) Pautas metodológicas en educación física	d) Atención a la diversidad

a) Normativa legislativa.

El anexo II de la O. ECD/65/2015, de 21 de enero, indica que las **metodologías** seleccionadas deben **asegurar** el desarrollo de las **competencias clave** a lo largo de la vida académica:

- Todo **proceso** de enseñanza-aprendizaje debe partir de una **planificación** rigurosa de lo que se pretende conseguir, teniendo claro cuáles son los objetivos, qué **recursos** son necesarios, qué **métodos didácticos** son los más adecuados y cómo se **evalúa** el aprendizaje y se **retroalimenta** el proceso.

- Los métodos didácticos han de elegirse en función de lo **que se sabe** que es óptimo para alcanzar las metas propuestas y según los **condicionantes** en los que tiene lugar la **enseñanza**.

- Las **peculiaridades** de nuestra materia, el **contexto** sociocultural, los **recursos** que se deben **adaptar** al ritmo individual y las **características** del alumnado, **condicionan** el proceso. El método se debe **ajustar** a estas **circunstancias** con el fin de propiciar un **aprendizaje competencial** en el alumnado.

- Los métodos deben partir de la perspectiva del **docente** como **orientador, promotor** y **facilitador** del desarrollo competencial en el alumnado, a través de **situaciones-problema**. Tendrán en cuenta la atención a la **diversidad** y el respeto por prácticas de **trabajo individual y cooperativo**.

- Las metodologías seleccionadas deben **ajustarse** al **nivel inicial** de estos, partiendo de aprendizajes simples para avanzar gradualmente hacia otros más complejos.

- El papel del **alumno** debe ser **activo** y **autónomo**, consciente de ser el **responsable** de su aprendizaje.

- Los métodos deberán favorecer la **motivación** por aprender en alumnos y alumnas y que sean capaces de **aplicar lo aprendido** en distintos contextos dentro y fuera del aula.

- Debemos optar por metodologías **activas** y **contextualizadas**, que faciliten la **participación** e implicación del alumnado y la adquisición y uso de conocimientos en situaciones reales, serán las que generen aprendizajes más **transferibles** y duraderos.

- Las metodologías activas han de apoyarse en estructuras de aprendizaje **cooperativo**, de forma que, a través de la resolución conjunta de las tareas, los miembros del grupo conozcan las estrategias utilizadas por sus compañeros y puedan aplicarlas a situaciones similares.

- Las estrategias **interactivas** son las más adecuadas, al permitir compartir y construir el conocimiento y dinamizar la sesión de clase mediante el intercambio verbal y colectivo de ideas. Las metodologías que contextualizan el aprendizaje y permiten el **aprendizaje por proyectos**, los **centros de interés**, el estudio de casos o el **aprendizaje** basado en **problemas**, favorecen la participación activa, la experimentación y un aprendizaje funcional que va a facilitar el desarrollo de las competencias, así como la motivación de los alumnos y alumnas al contribuir decisivamente a la transferibilidad de los aprendizajes.

- El **trabajo por proyectos**, especialmente relevante para el aprendizaje por competencias, se basa en la propuesta de un plan de acción con el que se busca conseguir un determinado resultado práctico. Se favorece un aprendizaje orientado el trabajo en el que se integran varias áreas o materias: los estudiantes ponen en juego un conjunto amplio de conocimientos, habilidades o destrezas y actitudes personales, es decir, los elementos que integran las distintas competencias. Por ejemplo, recopilar juegos populares de la zona preguntando a mayores.

- El uso del **portfolio** aporta información sobre el aprendizaje, refuerza la evaluación continua y mejora el pensamiento crítico y reflexivo en el alumnado.

La O. de 17/03/2015, sobre el desarrollo del currículo en Andalucía y pendiente de modificar por el Proyecto de Orden del 31/07/2018, añade además que las **TIC** formarán parte del uso habitual como instrumento facilitador del currículo. También, que la **lectura** constituye un factor fundamental para el desarrollo de las competencias clave, por lo que todas las áreas deben incluir su práctica. En parecidos términos se pronuncia el art. 8 del D. 97/2015, por el que se establece la ordenación y el currículo en Andalucía, así como el R.D. 126/2014.

El **D. 97/2015**, indica en su artículo 8, sobre las **"orientaciones metodológicas"**, lo siguiente:

1. La metodología tendrá un carácter fundamentalmente activo, motivador y participativo, partirá de los intereses del alumnado, favorecerá el trabajo individual, cooperativo y el aprendizaje entre iguales y la utilización de enfoques orientados desde una perspectiva de género, e integrará en todas las áreas referencias a la vida cotidiana y al entorno inmediato.

2. Permitirá la integración de los aprendizajes, poniéndolos en relación con distintos tipos de contenidos y utilizándolos de manera efectiva en diferentes situaciones y contextos.

3. Se orientará al desarrollo de competencias clave, a través de situaciones educativas que posibiliten, fomenten y desarrollen conexiones con las prácticas sociales y culturales de la comunidad.

4. Favorecerá el desarrollo de actividades y tareas relevantes, haciendo uso de recursos y materiales didácticos diversos.

5. Garantizará el funcionamiento de los equipos docentes, con objeto de proporcionar un enfoque interdisciplinar, integrador y holístico al proceso educativo.

La O. 04/11/2015, sobre evaluación, indica que *"las **metodologías** relacionadas con el desarrollo de las **competencias** son **múltiples** y variadas pero todas ellas comparten la necesidad de **apartarse** de la mera **transmisión** de **conocimientos aislados**. Estas metodologías integran los distintos elementos curriculares para hacer posible avanzar al mismo tiempo en el aprendizaje de las áreas y en la adquisición de las competencias"*.

Además, la **Competencia Digital (CD),** es la que nos indica la necesidad de tratar a lo largo de la Etapa Obligatoria:

- Habilidades necesarias para buscar, seleccionar, tratar y transformar la información en Internet y otros medios multimedia, de una forma objetiva y productiva, para que el alumnado domine el conocimiento de forma autónoma, funcional y segura.
- Crear conocimiento en diferentes lenguajes, realizar proyectos, solucionar problemas y tomar decisiones en entornos digitales, producir conocimiento y publicarlo a través del uso de herramientas de edición digital.
- Usar las TIC como instrumento creativo y de innovación.
- Trabajar con eficacia contenidos digitales en contextos virtuales de enseñanza-aprendizaje, etc.

b) Principios básicos a tener en cuenta en la intervención didáctica.

Establecemos unos **principios** referidos a las **formas** de intervención educativa que resumimos en estos cinco puntos:

- Partir del nivel de desarrollo **global** e **individualizado** del alumnado.
- Construir aprendizajes **significativos y funcionales**.

- Lograr un aprendizaje **autónomo** en un ambiente de **cooperación**.
- Desarrollar y **desarrollar** las capacidades y los **esquemas de conocimiento**.
- Lograr una actividad intensa **protagonizada** por el **alumnado**.

Debemos buscar el **equilibrio** entre el proceso de enseñanza-aprendizaje y sus resultados.

Por todo ello y en relación con la intervención didáctica, hay que significar que el profesorado actúa como **mediador**, como guía del proceso de enseñanza-aprendizaje.

Los docentes especialistas en Educación Física, debemos **dinamizar** el proceso estimulando, sugiriendo, orientando, valorando y proponiendo las actividades más acordes en función del alumnado.

Debemos advertir el **riesgo** que tiene hoy día Internet, sobre todo por el **ciberacoso infantil**. No olvidemos que hay legislación aplicada al efecto por la que se establecen medidas para el fomento, la prevención de riesgos y la seguridad en el uso de Internet y las tecnologías de la información y la comunicación (TIC) por parte de las personas menores de edad. Debemos citar dos documentos legislativos que, entre otros, tratan de regular la **seguridad** en el **uso de Internet** por los escolares de Primaria y Secundaria:

Primaria. J. de Andalucía. D. 25/2007, de 6 de febrero, por el que se establecen medidas para el fomento, la prevención de riesgos y la seguridad en el uso de Internet y las tecnologías de la información y la comunicación (TIC) por parte de las personas menores de edad. C. de Innovación, Ciencia y Empresa.

Secundaria. J. de Andalucía. D. 327/2010, de 13 de julio, por el que se aprueba el Reglamento Orgánico de los Institutos de Educación Secundaria, art. 3, f; art. 26, 2, i. BOJA nº 139, de 16/07/2010. C. de Educación.

c) Pautas metodológicas en Educación Física.

Citamos unas **orientaciones básicas** (Chinchilla y Zagalaz, 2002):

- El planteamiento educativo es integrado, a ello responde la Educación Física con una **interrelación** de contenidos propios con los de otras áreas.

- La progresión en las actividades irá en consonancia con las dificultades de asimilación y comprensión que encuentren los alumnos. **Evitar** alcanzar límites fisiológicos.

- Favorecer la actividad **reflexiva** y cognitiva sobre los conocimientos y las habilidades que se obtienen de la práctica, concediendo al alumnado la capacidad de toma de decisiones y niveles de responsabilidad.

- El alumno tiene una motivación intrínseca hacia el aprendizaje, por lo que debemos favorecerla y aumentarla, desde la actividad y la vivencia personal, y plantear nuevos **retos** que mantengan la predisposición para aprender, buscando la máxima participación.

- Aprovechar al máximo las posibilidades **espaciales** y de uso del **material** para hacer más rica la actividad. Esto favorece un mayor número y dominio de conductas motrices.

- Valorar continuamente el posible **riesgo** físico de algunas actividades para introducir factores de corrección sobre las mismas. Salud también es la mejora morfológica y funcional.

- Valorar y potenciar el **pensamiento creativo**, huyendo de las respuestas estereotipadas.

- Utilizar el juego de forma regular, introduciendo las **modificaciones** precisas según el uso. Para ello, determinar las reglas, los roles, los objetivos básicos del juego y las estrategias.

- Utilizar el elemento competitivo presente en el juego como medio educativo, no como fin primordial del mismo.

- **Motivar** por los retos personales (afán de superación), no por el resultado (competitividad).

d) Atención a la diversidad.

En la LOMCE/2013, el tratamiento hacia el alumnado que presenta n.e.a.e., queda recogido de la siguiente forma: *"La atención a la diversidad se establece como principio fundamental que debe regir toda la enseñanza básica, con el objetivo de proporcionar a todo el alumnado una educación adecuada a sus características y necesidades"*.

Para dar una respuesta adaptada a las características y **necesidades individuales** de nuestros alumnos/as, y responder a las exigencias educativas concretas, con objeto de que alcancen el máximo desarrollo de sus capacidades personales y adquieran las CC. Clave y los objetivos establecidos para la Educación Obligatoria, se establecerán una serie de mecanismos realizando los oportunos ajustes que, a nivel práctico, se traducen en:

- **Flexibilización** en normas, tiempos, espacios y agrupamientos, cambios en la metodología, diversificación de las actividades, gradación de los criterios de evaluación, priorización de los contenidos, adaptación de los objetivos, etc. Siempre que sea posible **evitaremos** la modificación de objetivos (A.C.S.), ya que la mayoría de las veces se pueden llegar a conseguir éstos adaptando otras variables, principalmente la metodología (ACNS). En ocasiones es preciso diseñar **actividades de refuerzo** (apoyo) y de **ampliación** (desarrollo). Nuestra propuesta va dirigida a permitir al alumnado, en el mayor grado posible, organizar su propia actividad, participando en la selección de algunos contenidos y en la forma de desarrollarlos en la práctica (O. de 25 de julio de 2008, por la que se regula la atención a la diversidad del alumnado que cursa la educación básica en centros docentes públicos de Andalucía. BOJA nº 167, de 22/08/2008). En este contexto, la intervención docente irá dirigida en el sentido de:

- Presentar **distintas opciones** y proporcionar al alumno la información necesaria, los recursos y materiales que necesite. Esta información debe ser clara, precisa y en conexión con los conocimientos que el alumnado ya posee.

- Diseñar situaciones de aprendizaje en las que los alumnos puedan organizar y llevar a la práctica su propia actividad física.

- Supervisar y orientar el trabajo del alumnado y de los grupos, proporcionando la ayuda que necesitan y dando un conocimiento de los resultados lo más inmediato posible sobre lo que sucede en el proceso de enseñanza-aprendizaje.

- Crear un **clima de trabajo positivo** en el que las interrelaciones del maestro con los alumnos y de éstos entre sí, sean de colaboración y ayuda mutua, posibilitando que funcione la interdependencia positiva en el trabajo en grupo.

- Conseguir la **máxima participación** motivando a los alumnos hacia el trabajo a realizar.

- Fomentar la **responsabilidad**, tanto en lo que afecta a la realización de un trabajo efectivo, como en lo que respecta a la organización y desarrollo de las sesiones de clase y cuidado del material.

- Potenciar la **reflexión crítica** sobre los factores que inciden en la práctica de actividades físicas, así como sobre las ventajas que les puede proporcionar la adquisición de hábitos perdurables del ejercicio físico.

Según Pérez Brunicardi -coord.-, (2004), dentro del tratamiento a la diversidad nos encontramos cada vez más la "**diversidad de cultural**", que incluye el aspecto **religioso**. Todos conocemos que ciertas religiones **no permiten** los **juegos y deportes** donde hay **contacto físico**, por ejemplo, el fútbol. Este tipo de diversidad está siendo en los primeros años del siglo XXI muy significativa en nuestro país debido al aumento de población extranjera: *"equidad pedagógica en relación a la diversidad"* (Contreras, 2009). El juego motor no entiende, por regla general, de idiomas ni de dogmas y es una fuente importantísima de integración (Gómez, Puig y Maza, 2009). Así pues, la metodología lúdica **integra** a alumnas y alumnos en nuestro contexto, es inclusiva.

2. METODOLOGÍAS TRADICIONALES EN EDUCACIÓN FÍSICA

La totalidad de este punto lo extractamos, fundamentalmente, de Delgado Noguera (1992, 1993, y 1996), aunque también nos apoyamos en Mosston (1978), Sánchez Bañuelos (1996), Posada (2000), Gil Morales (2001), Galera (2001), Sicilia (2001), Chinchilla y Zagalaz (2002), Fernández -coord.- (2002), Sicilia y Delgado Noguera (2002), Sáenz-López (2002), Joyce y otros (2002), Sánchez Bañuelos y Fernández, -coords.- (2003), Gil Madrona (2004), Annicchiarico, (2005), Román (2006), Calderón (2009), Blázquez y otros (2010 y 2016), Contreras y otros (2017) y Cañizares y Carbonero (2018).

Antes de nada, entendemos, es de justicia reconocer la labor decisiva y concluyente que, en el campo de la metodología aplicada a nuestra área/asignatura, supusieron los trabajos e investigaciones de Delgado Noguera, entre otros, y que fundamentalmente dio a conocer en su libro de 1992, editado por el ICE de Granada: "**Los Estilos de Enseñanza en Educación Física**". Él, como nos confesaba, puso su mirada en *"ordenar el cajón de sastre que era la metodología en los años setenta y ochenta del pasado siglo XX"*. Reconocía que, a su vez, se basaba en autores anteriores, como Mosston, por citar a uno de ellos.

Quienes seguimos sus aportaciones comprendimos desde un primer momento la razón de esta frase. También, otros autores contribuyeron al respecto, como Sánchez Bañuelos o Blázquez, fundamentalmente. Posteriormente, Sicilia, Devís, Sáenz-López, etc. fueron quienes, principalmente, se hicieron eco y transmitieron su obra.

2.1. CONCEPTO.

Un **método** de enseñanza *"es un conjunto de momentos y técnicas, lógicamente coordinados, para dirigir el aprendizaje del alumno hacia determinados objetivos"* (Delgado, 1992). El método **media** entre maestro, alumno y lo que se quiere enseñar. En este sentido amplio, podemos comprobar que el término "método" es empleado como **sinónimo** de todas aquellas expresiones que en didáctica conducen, dirigen, el aprendizaje del alumnado. Lo mismo ocurre con "**Intervención Didáctica**" y "**Procedimiento de Enseñanza**", que se entienden como muy generales.

La LOMCE/2013, nos indica que la *"metodología didáctica comprende tanto la descripción de las prácticas docentes como la organización de su trabajo"*. Por su parte, el R.D. 126/2014 **define** a la metodología didáctica como *"conjunto de estrategias, procedimientos y acciones organizadas y planificadas por el profesorado para el aprendizaje del alumnado y el logro de los objetivos planteados"*.

Siguiendo a Ureña y otros (1997), en España existían **dos** grandes **corrientes** de opinión, una de influencia **francesa** (Famose, Blázquez, etc.) y la otra de influencia **americana** (Mosston, Sánchez Bañuelos, Delgado, Sicilia y otros).

CORRIENTE	INTERVENCIÓN DIDÁCTICA	CATEGORÍAS
Francesa	Estrategias pedagógicas	Tareas definidas; semi definidas; no definidas
Americana	Estilos de enseñanza	Tradicionales; Individualizadores; Participativos, etc.

Zagalaz, Cachón y Lara (2014), establecen dos grandes grupos metodológicos:

a) Metodología basada en el **alumno/a**, haciéndolo partícipe de su propia educación: metodología **constructivista**.

b) Metodología basada en el **docente**, el alumno/a se limita a obedecer y repetir: metodología **conductista**.

Así pues, existen tantos criterios para definir "método" y tantas utilidades diferentes, que *"lo más preciso es utilizar el término específico para cada función"* (Delgado, 1992).

2.2. TÉRMINOS RELACIONADOS CON MÉTODO.

Los **términos** propuestos por Delgado Noguera (1992) y que nos limitamos a **citar**, resumidamente, son:

PUNTO	TÉRMINO	SIGNIFICADO
2.2.1.	Intervención Didáctica	Todas las acciones que el profesor realiza en el proceso de enseñanza-aprendizaje. Término **genérico**.
2.2.2.	Procedimiento de enseñanza	La forma general de conducir la enseñanza. Término **genérico**.
2.2.3.	Estilos de enseñanza	Especificación, concreción de la intervención educativa, por lo que **engloba** a numerosos aspectos: comunicación y organización grupal, tiempo de compromiso motor y la posición del docente con respecto al grupo. Término **específico**.
2.2.4.	Técnica de enseñanza	Cantidad de información a transmitir por el docente sobre lo que quiere enseñar. Término **específico**.
2.2.5.	Estrategia en la práctica	La progresión empleada en el aprendizaje de la habilidad. Término **específico**.
2.2.6.	Recursos	Los mediadores que se utiliza de forma concreta en la enseñanza: espacio, material, personas... Término **específico**.

2.2.1. El método como intervención didáctica.

La intervención didáctica constituye un concepto más **amplio** que engloba al método, porque se refiere a la actuación docente en el aula con sus diferentes manifestaciones:

- En la **planificación** y diseño de la clase, y sus correspondientes decisiones **preactivas**.

- En la acción organizativa, ejecutiva, etc. durante la sesión o fase **interactiva**

- En la **evaluación** y **control** del proceso de enseñanza-aprendizaje, lo cual comporta reflexionar sobre lo hecho y la adopción de unas medidas posteriores o **postactivas**.

Es, por tanto, un término **global** con que el que se quiere señalar toda actuación del profesor con la intención de enseñar y educar.

La intervención didáctica se concreta en el aula con una serie de interacciones didácticas:

- Interacción de tipo **técnico**. Técnica de enseñanza (comunicación).

- Interacción de tipo **organizativo**. Control de la actividad (distribución y evolución de los alumnos durante la clase: masiva, grupos, recorridos, distribución trabajo-pausa, etc.).

- Interacción de tipo **socio-afectivo**. Relaciones interpersonales (clima en el aula).

2.2.2. El método como procedimiento de enseñanza.

El D.R.A.E. define el procedimiento como la acción de proceder, esto es, el modo, forma, y orden de comportarse y gobernar uno sus acciones, bien o mal. También como el método de ejecutar algunas cosas, por lo que es un término genérico que no especifica ninguna conducta particular.

Para Coll y otros (2014), "procedimiento es un conjunto de acciones ordenadas y orientadas a la consecución de una meta. En esta definición se incluye la idea de destreza, técnica y estrategia, a través de los cuales el alumnado conseguirá por sí mismo, adquirir nuevos conocimientos, ser más autónomo en su aprendizaje, tanto en la adquisición de conceptos y saberes, como en el desarrollo de actitudes, saber ser y saber estar. A veces hay, si no confusión, una indefinición entre procedimiento y metodología. El procedimiento es el saber hacer, la destreza que se intenta que el alumno adquiera y construya, es un contenido escolar programable y cuyo aprendizaje puede realizarse con distinto método y actividades. La metodología informa sobre el modo de trabajar los contenidos en el aula".

2.2.3. El método como estilo. Sus aplicaciones didácticas.

Los estilos de enseñanza muestran cómo se desarrolla la **interacción** profesor-alumno en el proceso de adopción de decisiones y para definir el rol de cada uno en ese proceso. Pueden ser definidos como *"los modos o formas concretas que adoptan las relaciones entre los elementos personales del proceso educativo, y que se manifiestan, precisamente, en la presentación que el profesor hace de la materia o de los aspectos de la enseñanza"* (Sánchez Bañuelos, 1996). Fernández y Sarramona, citados por Delgado (1992) y Sicilia y Delgado (2002), lo entienden como *"la forma peculiar que tiene cada profesor de elaborar el programa, aplicar el método, organizar la clase y relacionarse con los alumnos; es decir, el modo de conducir la clase"*.

En definitiva, el estilo de enseñanza es una **forma peculiar de interacción** con los alumnos que se manifiesta antes, durante y después de la sesión. Especifica **varios parámetros**: técnica de enseñanza, estrategia, recursos, organización, etc.

De manera genera se puede decir que el estilo de enseñanza manifiesta la personalidad del maestro o maestra y ha de adaptarse al alumnado, a la materia enseñada, a los objetivos pretendidos, al contexto de la clase, a las interacciones, etc.

El docente eficaz deberá dominar diferentes métodos de enseñanza, que aplicará según un análisis previo de la situación, los combinará adecuadamente según los objetivos y los transformará para crear otros nuevos, como un proceso abierto de **investigación** en el aula, que no ha de considerarse cerrado.

La **propuesta** de **clasificación** de los estilos de enseñanza que hacemos es la de Delgado (1992), basándose en otros autores, como Mosston, (1978):

RESUMEN DE LOS ESTILOS DE ENSEÑANZA (Delgado, 1992)		
TRADICIONALES	INDIVIDUALIZADOS	PARTICIPATIVOS
- M. Directo - M. D. Modificado - A. Tareas	- Grupos Nivel - E. Modular - Prog. Individual	- E. Recíproca - Gr. Reducido - Microenseñanza
SOCIALIZADORES	COGNITIVOS	CREATIVOS
- A. Cooperativo (grupos). - Juego de Roles - Simulación social - Análisis Tema Público	- Descubrimiento Guiado - Resolución Problemas	- Libre Exploración - Sinéctica Corporal - Tormenta Ideas Motrices

Realmente, cada estilo tiene una o varias **aplicaciones prácticas** más adecuadas a los contenidos de Educación Física dentro de la Enseñanza Obligatoria. Es decir, no todos los contenidos podemos impartirlos con cualquier estilo. Vemos, de manera resumida, los más adecuados (Cañizares y Carbonero, 2018):

- **Mando directo modificado**

    - Coreografías
    - Gestos muy concretos de habilidades específicas

- **Asignación de tareas**

    - Circuitos, actividades en la naturaleza, desarrollo global de las habilidades perceptivo motrices básicas, genéricas y específicas.

- **Programas individuales**

    - Alumnado con n. e. e. Adaptaciones
    - Acondicionamiento físico y salud

- **Micro enseñanza**

    - Iniciación deportiva
    - Actividades en el medio natural

- **Enseñanza recíproca**

    - Iniciación deportiva
    - Condición física-salud
    - Expresión corporal

- **Resolución de problemas**

    - Iniciación deportiva
    - Locomotricidad relacionada con estrategias
    - Juegos motores globales, gymkanas.

- **Aprendizaje cooperativo**

    - Juegos cooperativos
    - Trabajos en grupo: murales, expresión, juego dramático, elaboración de reglamentos, webquest, trabajos de colaboración en red, etc.

- **Libre exploración**
    - Nuevos materiales. ¿Qué puedes hacer con...?
    - Expresión corporal
    - Juego dramático

- **Sinéctica corporal**
    - Cuento motor
    - Cuento expresivo

Todos ellos están especialmente indicados para aplicar en Primaria. Delgado (1992), indica a los socializadores, individualizadores, participativos, cognitivos y creativos. Quizás los tradicionales son los menos recomendables ya que se trata de una enseñanza de tipo directivo, pero que en ocasiones son necesarios.

No obstante, Delgado (2015) afirma que los estilos de enseñanza están en continuo proceso de **cambio**, adaptándose a los nuevos ámbitos y tendencias educativas, por ejemplo, el uso de las PDI. Por ello cabe pensar que en unos años habría que destacar a los estilos de enseñanza que usan las TIC, es decir, "**estilos de enseñanza tecnológicos**".

En esta línea, Contreras (2009) indica que "se podría considerar que los estilos de enseñanza tecnológicos **no** tienen que tener una **categoría aparte** ya que en todos los estilos de enseñanza se pueden **aplicar** las nuevas tecnologías. No obstante, la relación que se establece en la comunicación, la organización y las relaciones socio afectivas son muy peculiares con el uso de las mismas".

Nosotros, en cualquier caso, nos decantamos por establecer el/los estilo/s tecnológico/s dentro de los llamados "**productivos**", es decir, el alumno es quien "produce" la respuesta **investigando** y **pensando** a través de los datos y orientaciones que le facilitamos vía digital en situaciones de **cooperación**. Por ejemplo:

- Aplicar una búsqueda guiada de información en Internet a través de la herramienta de la Webquest, por ejemplo, sobre salud, actividad física, expresión, el juego y el deporte. Los "Plan Lesson", "La Caza del Tesoro", los deberes Web, las Mini Webquest, "JCLIC", Plataforma Moodle, Tiching, Idoceo, etc. o a través de plataformas, como educando (Google) o Kahoot!

- Realizar un trabajo a partir de una presentación para intercambiar ideas usando Prez, Power Point, Impress, etc.

- Conocer navegadores de fácil acceso y fiables para la búsqueda de información en Internet.

- Desarrollo de actividades **interactivas** con otras herramientas, como Hot Potatoes, etc.

- Utilizar materiales multimedia digitales para la elaboración y presentación de trabajos (cámara de fotos, videocámara, tabletas...)

- Análisis de noticias digitales.

- Ídem, pero dentro de webs como la del "Proyecto Ludos" a través de la PDI del aula.

- Juegos con el uso de la consola de videojuegos que implican movimientos coordinativos, por ejemplo, la "Eye Toy" o la Wii "Fit".

- Aplicaciones (App) educativas usadas en tabletas y móviles. Por ejemplo:

    o **Teacher Kit**: permite controlar la asistencia, comportamientos, incidencias (registro anecdótico), las calificaciones, la colocación de los alumnos en el aula, importar y exportar datos, y además permite la sincronización con Dropbox.

    o **ITeacher book**: nos facilita tener todo organizado: agenda, aula/gimnasio, horario, alumnos (con su fotografía y correo), tareas, enviarles correo, calificar, generar reportes, etc.

Todavía las "**redes sociales**" no están reconocidas como una técnica, estrategia o método de enseñanza, pero están generando profundos cambios en la forma de **comunicarnos** y **relacionarnos**. Hay redes sociales del deporte, como **Quendda, Amatteur, Sporttia, Sportyguest**, etc. Actualmente está más popularizado el uso educativo de redes sociales tales como **Twiter, Facebook, Instagram**, etc. También debemos destacar las "**comunidades de aprendizaje virtuales**", usadas por docentes para comunicación e intercambio de información (Zagalaz, Cachón y Lara, 2014).

No obstante, como es lógico pensar, debemos regirnos por lo expresado en el DCB, es decir, hacer un tratamiento **global** de la enseñanza, acorde a cómo lo **percibe** el alumnado de estas **edades**, y por el uso de técnicas y estilos favorecedores del desarrollo de las habilidades comunicativas y sociales, de autonomía en el trabajo, el aprender a aprender, la afectividad y creatividad, tal y como nos indican las CC. Clave en sus definiciones, así como en las finalidades de la E. Primaria (MEC, 2006) y J. de Andalucía (2007).

2.2.4. Los estilos de enseñanza vistos por otros autores.

Las concreciones metodológicas que Delgado (1992) denominó "*estilos*", son estudiadas **posteriormente** por otros autores. Nos referimos a varios de ellos:

Navarro y Fernández (1997) y Navarro (2007), "asimilan" los grupos de estilos nombrados por Delgado en tres grandes conjuntos de "*estrategias de enseñanza-aprendizaje*":

- **Estrategia Instructiva**. El maestro toma la mayor parte de las decisiones.

- **Estrategia Participativa**. Fomentamos la participación del alumnado en tareas docentes: observa y corrige, toma decisiones sobre contenidos etc.,

- **Estrategia Emancipadora**. El alumnado toma decisiones sobre su propia motricidad, sobre cómo resolver las actividades, etc.

Por su parte, Blázquez (dir. de VV. AA., 2016), propone diferentes *"métodos didácticos"* globalizadores, participativos, centrados en el alumnado y susceptibles de aplicación en las diferentes etapas educativas, **aplicados a la escuela del siglo XXI**, y buscando una formación más autónoma, responsable, creativa y competente. Se fundamentan, además, en la idea de que ninguno de los métodos es suficiente en sí mismo, sino que resulta conveniente el conocimiento de las **potencialidades** que desarrolla cada uno, para que cada docente aplique, en su clase, el más apropiado según las competencias que considere más propicias promover. Los **clasifica** en:

- Aprendizaje basado en problemas "ABP"
- Aprendizaje por proyectos "ApP".
- Aprendizaje cooperativo "AC".
- El método de casos "MC".
- Aprendizaje servicio "ApS".
- Los ambientes de aprendizaje "AA". (Blández, 2016).
- Contrato didáctico o contrato de aprendizaje "CD".
- Creatividad motriz 'CR".
- Sinéctica corporal "SC".

Contreras y otros (2017), se basa en *"modelos"* debido a que una "educación física, concebida como materia cuyas enseñanzas van más allá de los aspectos orgánicos para alojarse en aquellos de tipo cognitivo y emocional, debe ir acompañada de la enseñanza de las estrategias que permitan al profesor alcanzar dichos fines". En este sentido, cada modelo "describe una especie de "plan magistral" que el profesor debe seguir para ayudar a sus alumnos a aprender determinados aspectos de la educación física, lo que requiere un conjunto de decisiones, planes y acciones del profesor y de los alumnos y de las alumnas que son propias del modelo".

3. NUEVAS METODOLOGÍAS DIDÁCTICAS APLICADAS A EDUCACIÓN FÍSICA

Las metodologías de enseñanza parten de una base teórica que abarcan diferentes técnicas o **modos** utilizados por el docente, tanto para transmitir conocimientos, prácticas y valores, como para facilitar el desarrollo de habilidades en sus alumnas y alumnos.

La necesidad de **adaptar** la metodología de la enseñanza en todos sus niveles educativos hace tiempo que está en los **debates** profesionales.

Como hemos visto con anterioridad, con la llegada de las **TIC** al ámbito educativo, sobre todo a partir de la **primera década** del siglo XXI, han aparecido nuevas maneras de enseñar, así como nuevas aportaciones de las tradicionales, revisadas para las **generaciones digitales** (Sañudo, 2017). Ahora bien, coloquialmente podemos afirmar que *"esto no ha hecho más que empezar"*, a tenor de la velocidad de **progresión** que está cogiendo la innovación de las técnicas didácticas en educación.

Si creíamos que en un principio no iban a afectar a nuestra área, hemos ido comprobando que cada vez somos más **dependientes** de las mismas. El pensamiento ya anticuado de que impartimos contenidos eminentemente prácticos y físico-motores de gran variedad y que, por tanto, necesitamos utilizar a la hora de una metodología distinta, poco a poco se va olvidando sobre todo debido a la **interdisciplinaridad** de la enseñanza en Primaria y Secundaria, que nos obliga a conectar con otras áreas y materias, a comunicarnos con la Comunidad Educativa y Administración, etc. No obstante, los diferentes **contextos** educativos que tenemos actualmente, así como los **recursos** que disponemos, van a **condicionarnos** en su aplicación.

Como nos indican Bazarra y Casanova (2016), en las programaciones didácticas, las metodologías activas de enseñanza-aprendizaje, es decir, aquellas que se basan en un proceso de interactividad y comunicación continua entre el docente/grupo e intergrupal, y que incluye los medios informáticos para su realización, están ampliamente reconocidas como las que más **facilitan** el desarrollo de las habilidades de todo tipo, incluidas las motrices, en el siglo XXI. La necesidad de que los colectivos de jóvenes que terminan la Etapa Obligatoria alcancen un buen nivel en sus CC. Clave, es fundamental porque éstas son necesarias para enfrentarse a los **desafíos** de un futuro tan imprevisible y cambiante como el actual.

En este sentido, la Competencia Clave más relacionada con estas nuevas metodologías es la Competencia Digital (CD), como ya tratamos anteriormente en el punto 1, apartado "a".

Siguiendo esta línea, podemos decir que las **herramientas** metodológicas más **habituales** en la escuela de hoy, ya en los albores de la **segunda década del siglo XXI**, incluyendo ejemplos aplicados a Educación Física, son:

NUEVAS METODOLOGÍAS DIDÁCTICAS APLICADAS A EDUCACIÓN FÍSICA			
3.1. FLIPPED CLASSROOM (Aula Invertida)	3.2. APRENDIZAJE POR PROYECTOS (APP) Y TAREAS INTEGRADAS (TI)		3.3. APRENDIZAJE COOPERATIVO
3.4. GAMIFICACIÓN O LUDIFICACIÓN	3.5. APRENDIZAJE BASADO EN PROBLEMAS (ABP)	3.6. DESIGN THINKING (PENSAMIENTO DE DISEÑO)	3.7. APRENDIZAJE BASADO EN EL PENSAMIENTO (THINKING BASED LEARNING)

3.1. FLIPPED CLASSROOM (FC) O AULA INVERTIDA.

Esta metodología de trabajo escolar tiene su origen en el instituto Woodland Park (USA). Dos de sus profesores, Jonathan Bergmann, y Aaron Sams, en 2007, empezaron a grabar sus clases teóricas y subirlas a Internet para que sus alumnos tuviesen acceso a los contenidos (Achútegui, 2014).

Los elementos **tradicionales** de la "sesión magistral tradicional" impartida por el docente y donde rol del alumno es el de mero receptor de esa información, se **permutan** en el "Aula Invertida". Ahora es el alumnado quien busca, investiga y elabora de forma autónoma, aunque **interaccionando** con los demás miembros del grupo en sus domicilios conectados por Internet, las tareas basándose en las **indicaciones previas** que tienen, normalmente a partir de la información que entregamos los docentes a través de **herramientas informáticas** como una "Webquest", o mediante el envío de **vídeos**, enlaces a determinadas webs a través de la plataforma digital del centro: Idoceo, Additio, Edmodo, Moodle, etc. No obstante, en **contadas ocasiones** podemos ofertar también este conocimiento previo en el aula, al finalizar la anterior unidad de aprendizaje.

Hay en el mercado un entorno o plataforma educativa especialmente aplicada a la metodología del Aula Invertida. Se trata de **GoConqr**, que incluye herramientas de aprendizaje para crear espacios de comunicación, para compartir y descubrir mapas de pensamiento, fichas y resúmenes de estudio, etc.

Los docentes no somos los "*transmisores*" del conocimiento, sino los "*mediadores*" para que el grupo obtenga la información. Éste, organizado en subgrupos, la adquiere. Nosotros debemos previamente elegir, organizar y crear estrictamente la información oportuna a desarrollar en cada caso en función de la materia que tratemos, nivel, contexto, diversidad del alumnado, etc., así como la forma de presentarla ante el grupo clase.

Posteriormente los trabajamos en clase llevando los contenidos en la práctica. Por ejemplo, contenidos relacionados con reglamentos de deportes, investigación sobre juegos autóctonos, debates diversos, etc. Lo averiguado por cada componente del grupo lo tratamos en el aula con opiniones, reflexiones, prácticas lúdicas, críticas constructivas, etc. Así, podemos reflexionar acerca de cómo mejorar la seguridad personal durante la práctica de estos juegos, cómo prever adaptaciones para quien tenga algún tipo de dificultad, etc.

Buscamos, pues, **mejorar el tiempo neto** que disponemos en el aula física, atendiendo a la diversidad, solucionando los problemas encontrados, aportar lo realizado por cada uno al objetivo global del grupo, además de la práctica motriz correspondiente, etc. (Santiago, Díez y Andía, 2017).

Cabe la posibilidad de que al aplicarlo en Primaria nos encontremos con ciertas **dificultades** por entender las familias de los más pequeños que los "deberes" son para realizarlos en la escuela y no en casa. También nos podemos topar con alumnos que dicen no tener ordenador o conexión a Internet en casa, o bien que la familia no le permite su uso.

Entendemos es más aplicable durante la Etapa Secundaria, máxime si en determinados contextos abundan las familias que se oponen a que sus hijas e hijos, escolarizados en Primaria, lleven "tareas" a casa.

Ejemplo: sobre el conocimiento y práctica de un juego autóctono: PINFUVOTE.

El "*Pinfuvote*" es un juego autóctono de Dos Hermanas (Sevilla), toda vez se inventa y juega por primera vez en esta ciudad andaluza. Tras su desarrollo local, empieza a expandirse, ya a finales del siglo XX, por provincias cercanas, lejanas y otros países. Su nombre ya nos indica de qué deportes tradicionales capta sus habilidades específicas: tenis de mesa - popularmente conocido como ping-pong- (**pin**), fútbol (**fu**), voleibol (**vo**) y tenis (**te**).

Dadas las características por las que destaca, lo consideramos una actividad física y deportiva muy educativa. Por ejemplo:

- **Integrador**: iguala a sus participantes.

- **Sin contacto físico**, porque la red tipo tenis delimita los espacios de los dos equipos participantes.

- **Móvil** del juego. El balón es de "foam" o goma-espuma que no produce ningún daño al jugarlo, golpearlo, etc.

- **Coeducativo**, habida cuenta podemos organizar campeonatos femeninos, masculinos y mixtos.

- Muy **adaptable** a nuestro contexto y recursos espaciales, ya que su versatilidad hace que podamos organizar muchas variantes: equipos de 2, 3, 4, 5, 6… jugadores.

- **Habilidades fáciles** de realizar, fundamentalmente de tipo "genéricas", es decir, asociación de dos o más "básicas", como desplazamientos, recepciones y lanzamientos con manos y pies. En cualquier caso, son sencillas y de baja organización, máxime si los participantes tienen un nivel aceptable de sus habilidades y destrezas básicas.

- **Espacios de juego** abundantes, porque se basa en el uso de canchas de voleibol, baloncesto, fútbol sala, etc. y una red de voleibol o de tenis, aunque también nos puede valer una cinta plástica que una a dos postes, lo que nos supone, al fin y al cabo, un bajo coste.

- **Global**, porque aúna esfuerzo físico y motor con diversión, combina estrategias de cooperación y oposición, etc.

- **Participativo**: el propio grupo se organiza para gestionar y colaborar en arbitrajes, calendario, equipos, etc., interesándose de esta manera en el proceso de enseñanza-aprendizaje.

Imaginemos que tenemos prevista en nuestra Programación Didáctica de tercer ciclo de Primaria una Unidad Didáctica Integrada (UDI) sobre la

iniciación al Pinfuvote y, para el primer ciclo de Secundaria, otra UDI sobre el **perfeccionamiento** de este juego "semi deportivo" (tiene reglas estandarizadas, campeonatos y clubes, aunque aún no existe una "federación" reconocida como tal por el C.O.E.).

Para ello, previamente a la primera sesión y a través de la Plataforma Multimedia del Centro: Blackboard, Edmodo, Moodle, E-Learning, etc., les enviamos enlaces a web que tratan el juego del Pinfuvote, vínculos a videos y fotos o a webs con reportajes y noticias, para que tomen conciencia de su dinámica, etc. Todo ello con la finalidad de que cada componente de los grupos acceda a este modelo metodológico de una forma natural y clara.

Los grupos deben **leer** estas informaciones, resumir por escrito y a mano sus informes y conclusiones para exponerlas oralmente a los demás antes de comenzar las **prácticas** del juego. El trabajo de aula consistirá en reforzar, resolver dudas y guiar todo el proceso. Posteriormente les facilitaremos los recursos espaciales y materiales para que realicen en las pistas el juego práctico del Pinfuvote, terminando con la **evaluación**.

De este modo, el alumnado valora los aprendizajes y enlaces previos enviados por nosotros y se convierten en **protagonistas** de su propio conocimiento.

Llevamos a cabo, además, lo expresado por la **legislación** sobre la necesidad de incidir en todas las áreas y asignaturas en la comprensión lectora, la expresión oral y escrita, la comunicación audiovisual, las TIC y el emprendimiento (R.D. 126/2014).

3.2. APRENDIZAJE POR PROYECTOS (ApP) Y TAREAS INTEGRADAS (TI).

Permite al grupo adquirir conocimientos y desarrollar las CC. Clave a través de la elaboración de tareas que dan respuesta a problemas de la vida real.

Las competencias se adquieren por medio de las tareas. Las tareas se secuencian en actividades que incluyen ejercicios y se plasman en un Producto Social Relevante (**PSR**). Partiendo de un problema concreto y real, en lugar del modelo teórico y abstracto tradicional, las tareas hacen evidentes las mejoras en la capacidad de retener conocimiento por parte del alumnado, tienen la oportunidad de desarrollar competencias, pensamiento crítico, la comunicación, la colaboración o la resolución de problemas, organizando al grupo-clase en subgrupos colaborativos, aunando el esfuerzo común para lograr el éxito en la realización de la tarea: el PSR.

1. Tarea/s.

Debemos concebir la tarea como acción o conjunto de acciones orientadas a la resolución de una situación problema, dentro de un **contexto real y definido**, por medio de la combinación de todos los saberes (saber, saber hacer, saber ser) disponibles, que permiten la elaboración de un producto relevante y la participación en una práctica social, para facilitar la socialización buscando ser más competente en su trabajo diario (CNIIE[1], 2014). Suponen varias **actividades interdisciplinares contextualizadas** que permiten la transferencia de saberes a la vida cotidiana.

Así pues, la realización práctica de la tarea nos posibilita satisfacer un problema que planteamos al inicio de las **Unidades Didácticas Integradas**

---

[1] El Centro Nacional de Innovación e Investigación Educativa (CNIIE), dependiente del Ministerio de Educación Cultura y Deporte (MECD), se considera una unidad generadora de conocimiento e innovación en educación, al servicio del sistema educativo español.

(UDI), que culmina con un Producto Social Relevante (PSR) (Moya y Luengo, 2010) y (Blázquez -coord-, 2016).

Ésta debe producir experiencias suficientes para adquirir la competencia prevista, de ahí centrarnos en ella, así como **adaptar** la tarea a los distintos **ámbitos** donde la vamos a trabajar. Para ello, además de tener en cuenta el contexto personal, socio-familiar y escolar, emplearemos actividades encaminadas a poner en marcha los procesos mentales, así como contenidos a través de distintos ejercicios.

Deben ser interesantes, con objetivos muy claros, usar una **metodología constructiva** y **cooperativa** y dar protagonismo al alumnado, entre otras características. Son imprescindibles para adquirir las CC. Clave. Intervienen todos o casi todos los procesos cognitivos movilizando todos los recursos de la persona (conocimientos, estrategias y destrezas).

Han de ser formuladas y el Producto Social Relevante (PSR) muy bien definido. Podemos partir de un criterio de evaluación, de una competencia, de un objetivo, un concepto o procedimiento, de un acontecimiento del entorno o una noticia, etc. En su diseño tendremos en cuenta sus componentes: grado de competencia/s a adquirir con su realización; los contextos (individual, académico/escolar, familiar, socio comunitario), donde vayamos a aplicar esta/s competencia/s; contenidos para trabajar la tarea; recursos materiales: textos, mapas, elementos gimnásticos y deportivos, gráficos…; metodología preferentemente cooperativa; organización del grupo; tipo de pensamiento o procesos cognitivos que se desarrollan con las distintas actividades: lógico, crítico, deliberativo, analítico, etc. Si la tenemos bien diseñada, contribuye al desarrollo de **varias competencias** a la vez (Cañizares y Carbonero, 2018).

Una **tarea** integrada está compuesta por varias **actividades** y cada una de ésta, agrupa a varios **ejercicios**.

Una vez tengamos pensada y definida la tarea, debemos programar un **grupo** de **actividades** que nos permita su realización y, por ende, el PSR. Aquéllas deben satisfacer los criterios de ser completas y variadas, abarcar diversos modos de pensamiento o procesos cognitivos y variedad de contenido; inclusivas o que sus dificultades atiendan a la diversidad del grupo.

En resumen, *"a diferencia del ejercicio y la actividad, el diseño de una tarea requiere decidir para qué se hace esa tarea, qué producto final se va a elaborar vinculado a la vida real y qué relevancia social tiene en el día a día del alumno. Así mismo, para la resolución de la misma no hay una respuesta prefijada -como ocurre con el ejercicio, que es mecánico, repetitivo y memorístico-, sino que va más allá. La resolución de una tarea requiere de la integración de:*

- *Conocimientos previos adquiridos.*
- *Destrezas y puesta en marcha diversos mecanismos para su resolución.*
- *Actitud positiva ante la tarea"* (CNIIE, 2014).

Los **pasos** para **diseñar** una **tarea**, son:

- Pensar la tarea partiendo del currículo de área y teniendo en cuenta los intereses del alumnado.

- Describir la tarea de manera que permita resolver una situación-problema; suponga la elaboración de un producto final de valor; posibilite participar en una tarea social en un contexto determinado.
- Elaborar la secuencia ordenada y completa de actividades y ejercicios.
- Realizar la selección de ejercicios para consolidar el dominio de los contenidos que requieren las actividades.

Ejemplos:

- Realizar una coreografía o un juego dramático.
- Taller de teatro tradicional, sketch o pieza corta, monólogos, puppet show (marionetas), kamishibai (teatro de papel), ...
- Confeccionar un póster anunciador de las olimpiadas escolares de final de curso.
- Celebración del "Día de la Bicicleta".
- Folletos publicitarios sobre las carreras populares.
- Realizar un mural con los parques de la zona.
- Elaborar un infograma (foto a la que añadimos explicación sobre lo que representa).
- Elaborar el proyecto de visita para acudir al P.N. Doñana.
- La convivencia en un hospedaje rural.
- Celebración del "Día de Andalucía" u otras efemérides, como el "Día del Medio Ambiente".
- Organizar y distribuir los "recreos inteligentes", realizando los mapas de juegos en días y espacios adecuados.
- Póster de una dieta equilibrada para el comedor escolar.
- Campañas divulgativas sobre cualquier cuestión de interés social

- Producción de videos sobre alguna temática concreta, como "hábitos saludables".

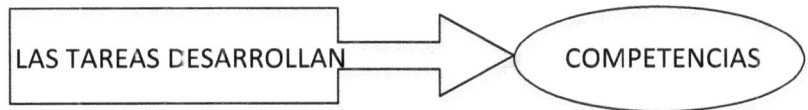

2. Actividades.

Acción o conjunto de acciones orientadas a la adquisición de un conocimiento nuevo o a la utilización de algún conocimiento de forma diferente. Se trata de comportamientos que producen una respuesta diferenciada de gran variedad, que posteriormente aplicaremos en las tareas para adquirir las competencias (CNIIE, 2014). Pueden favorecer el desarrollo de las CC. Clave, pero no siempre. No garantiza transferencia a otras situaciones y deben estar **graduadas en dificultad**. También, exigen una respuesta variada y diferente, aunque unida a **procesos cognitivos** de relativa dificultad: reflexionar, crear, contrastar, comparar, investigar, razonar, analizar, relacionar, comprobar, deliberar, etc. Cada actividad se compone de **varios ejercicios**.

Ejemplos:

- Poner en práctica las reglas del juego autóctono de Dos Hermanas (Sevilla) "Pinfuvote".
- Selección de información sobre los juegos investigados.
- Maquetación o modelo previo de esa información.
- Recoger la información obtenida en un formato digital o en soporte papel.
- Confección de un cuestionario o sondeo de investigación.
- Redactar petición a la federación de Baloncesto para que nos facilite entradas para ver la exhibición de los Harlem Globetrotters, a cambio de diseñar y distribuir la publicidad en el barrio.
- Diseñar las "postas/espacios" de los "recreos inteligentes".

- Lectura en voz alta de los diálogos a efectuar en un juego dramático.

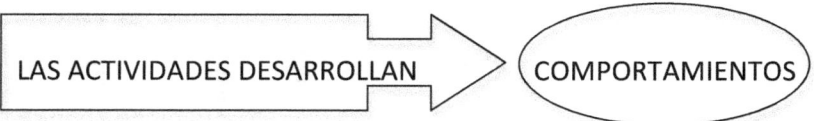

3. Ejercicios.

Un ejercicio es una práctica, una **repetición** que sirve para adquirir unos conocimientos o desarrollar una habilidad. Son una acción o varias orientadas a la comprobación del dominio adquirido en el manejo de un determinado conocimiento o habilidad motriz. Supone una conducta observable que produce una respuesta prefijada que se da repetidamente. Es la unidad básica de motricidad -su realización práctica-, para expresar una conducta motriz y desarrollar los patrones de movimiento que facilitan la ejecución de las actividades (automatización de la habilidad/destreza motriz). No contribuyen directamente a la adquisición de las CC. Clave, tienen menos complejidad cognitiva. Son necesarios y siguen el esquema: explicación o pregunta para indagación + ejemplo aclaratorio + realización del ejercicio. Por ejemplo, practicar, copiar, efectuar, realizar, etc.

Ejemplos:

- Tiro de personal en Mini Basket.
- Lanzar/tomar pelotas de tenis.
- Rodar un aro con las manos.
- Ejercicios de caligrafía (psicomotricidad fina, precisión) comprobando ortografía.

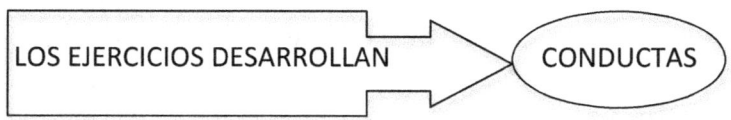

SEIS EJEMPLOS DE TAREA →ACTIVIDAD →EJERCICIO.

1º ejemplo: sobre una actividad extraescolar.

TAREA:

Vamos a organizar la salida extraescolar programada (Plan de Centro) "Semana Blanca", a finales de febrero, en Sierra Nevada (Granada).

El **Producto Social Relevante** será realizar el reportaje en vídeo y publicarlo en la web del colegio. Recogerá todas las fases realizadas durante el mismo: redacción de solicitudes, presentación en el ayuntamiento, reuniones con la AMPA, hoja de cálculo, fotos de escenas en la nieve, etc.

ACTIVIDADES

- Escribir solicitud a la AMPA para que colabore con rifas y participaciones de la lotería de navidad.
- Redactar petición de subvención a la delegación de deportes del ayuntamiento.
- Hacer los presupuestos: autocar, hostal, alquiler de material, comida, contrato de monitores, etc. y procedemos a repartir los costes.
- Redactar y distribuir la hoja para la autorización familiar de asistencia al viaje.
- Controlar el saldo (debe/haber) continuado.
- Averiguar lo aportado por cada alumno/a.
- Comprobar si es preciso devolver a cada alumno/a parte de lo ya pagado o, al contrario, aún queda algo por aportar.
- Realizar contactos a través de mail con una empresa de servicios deportivos de Granada por si nos oferta una opción interesante.

EJERCICIOS

- Durante el proceso, el alumnado tiene que redactar y hacer operaciones matemáticas: sumas, restas, etc. necesarias para el ajuste presupuestario.
- Las habilidades específicas del esquí: equilibrio postural base, deslizamiento en cuña, giros, posición en paralelo, remontes, etc.

2º ejemplo: sobre una actividad complementaria.

TAREA

Partido de Fútbol-7 en polideportivo municipal con motivo de la "Semana Cultural de Andalucía", grabado en video para, posteriormente, editarlo y colgar en la web del centro los minutos más interesantes.

ACTIVIDAD

Hacer itinerario y plan para ir a la cancha donde vamos a jugar; planificar el calentamiento, la táctica, las jugadas; hacer los tickets de entrada, el póster anunciador, darlo a conocer en redes sociales, manejo de las herramientas para edición del video, etc.

Redactar petición de permiso para entregar al concejal de Cultura y Deportes.

EJERCICIOS

Ensayo de pases, tiros, conducciones, los propios del calentamiento y estiramiento, trotes para mejorar resistencia, etc.

3º ejemplo: sobre difusión de un juego alternativo.

TAREA

Partido de muestra durante el recreo de un juego alternativo, con objeto de que lo aprecie el resto del alumnado del centro. La grabación la subiremos en la web del centro.

ACTIVIDAD

Tras analizar as acciones prácticas que se dan durante el juego, diseñamos un par de circuitos técnicos para hacer durante las clases y aprender a jugar. Lo hacemos en unas cartulinas y, tras fotografiarlas, las mandamos al grupo por la red social que usa el colegio. En la posta 1 hacemos; en la 2 realizamos... etc. El juego de aplicación será...; ensayos de partidos de 2X2 en terreno reducido, etc.

EJERCICIOS

La propia realización de los ejercicios de las postas: ensayos de pases y recepciones estáticos y dinámicos; conducciones en línea recta y zigzag; acciones comb nativas de conducción, desmarque y tiro.

4º ejemplo: sobre una actividad de expresión.

TAREA

Representación de un "**Lip Dub**" (doblaje de labios). Es un vídeo musical realizado por un grupo de alumno/as que sincronizan sus labios, gestos y movimientos con una canción popular o cualquier otra fuente musical. El objeto del P.S.R. es colgarlo en la web del CEIP para que lo vea toda la Comunidad Educativa.

También es posible representarlo como una actividad más durante la "Semana Cultural".

ACTIVIDAD

Planificar la canción a representar. Organizar los espacios, vestuarios, itinerarios, soportes audiovisuales y otros materiales diversos tales como cartulinas, telas, paneles de madera, objetos manipulables, colchonetas, maquillaje, goma E.V.A., etc. Repartir los roles y organizar los sub grupos. Hacer el póster anunciador, darlo a conocer en redes sociales, manejo de las herramientas para edición del video, etc.

EJERCICIOS

Los ensayos en sí: frente al espejo, coordinar los movimientos de los labios con la canción y, posteriormente, ésta con el movimiento corporal. Realización de combinaciones de acciones/espacios, etc.

5º ejemplo: exposición en la S.U.M. de recursos materiales alternativos.

TAREA

Construcción de "materiales alternativos" para usar en clase: maracas de ritmo con botes de plástico y grava; bolas de malabares con globos y mijo; etc. Posteriormente, expondremos estas creaciones en la S. U. M.

ACTIVIDAD

Búsqueda en Internet de qué podemos construir y cómo, su dificultad, recogida, etc. Su diseño previo. Consulta en catálogos de las casas especializadas en su distribución comercial.

EJERCICIOS

Saltos de vallas, juegos de ritmo, coordinación óculo segmentaria, juegos con bolas malabares, etc.

6º ejemplo: fabricación de máscaras de carnaval.

TAREA

Construcción / fabricación de máscaras a lucir en el "carnaval escolar". Exposición previa y posterior en la "sala de visitas".

ACTIVIDAD

Búsqueda de información en la enciclopedia de la biblioteca del CEIP y en Internet. Portales de Internet donde se explique la historia y tipos de carnaval, sus diferencias, etc. Informarse de cómo se realizan; compra de materiales: cartulinas, pegamento, rotuladores, goma E.V.A., etc.

EJERCICIOS

Confección de las máscaras individuales. Juegos de gestos con las máscaras. Mimodrama, etc.

3.3. APRENDIZAJE COOPERATIVO.

Es el término genérico usado para referirse a un modelo de enseñanza que parte de la división del alumnado del aula en grupos de tres a seis componentes, seleccionados intencionadamente y de forma heterogénea, donde trabajan conjuntamente de forma coordinada para resolver tareas propias del Área y profundizar en su propio aprendizaje. De este modo aprovechamos al máximo la interacción entre sus componentes, porque cada alumno se convierte en el **referente de aprendizaje** de sus compañeros y viceversa. Por ejemplo, en la creación de una coreografía sencilla, en resolver problemas motores, en establecer las reglas de un nuevo juego, en organizar una salida al medio natural, etc.

El aprendizaje cooperativo, en **resumen**, es la práctica educativa en pequeños grupos heterogéneos, en los que el alumnado trabaja conjuntamente para aumentar su aprendizaje y el del resto del grupo (Velázquez, -coord.- 2010).

Se distingue por ser un **enfoque interactivo** de organización del trabajo en el aula, donde los alumnos aprenden unos de otros, así como de su docente y del entorno. Nuestro rol es el de un mediador en la generación del conocimiento y desarrollo de las habilidades sociales de alumnos y alumnas. No obstante, podemos encontrarnos con el "**efecto polizón**", es decir, un miembro del grupo menos capaz o desmotivado, deja que los demás, completen sus tareas, por lo que debemos estar muy atentos para actuar según el caso (Velázquez, -coord.- 2010).

Los autores de referencia, Jonhson y Jonhson (1999), en Jiménez, Llobera y Llitjós (2006), lo han definido como *"aquella situación de aprendizaje en las que los objetivos de los participantes se hallan estrechamente vinculados, de tal manera, que cada uno de ellos sólo puede alcanzar sus objetivos si los demás consiguen alcanzar los suyos".*

Este enfoque promueve la interacción entre alumnos, entregados a un ambiente de trabajo en el que se confrontan sus distintos puntos de vista, generándose así **conflictos sociocognitivos** que deben ser resueltos por cada miembro asimilando perspectivas diferentes a la suya. También destacamos que este modelo lleva implícito la exigencia de verbalizar los pensamientos (ideas, opiniones, movimientos, habilidades motrices, críticas, etc.), y mostrarlos a los demás potenciando el desarrollo de la capacidad de expresión verbal y corporal (Contreras y García, 2011).

Mientras esto ocurre, el docente no debe limitarse sólo a observar el trabajo de los distintos grupos, sino que debe supervisar de un **modo activo** el proceso de construcción y transformación del conocimiento en ellos, observando y cuidando las interacciones que se van dando entre los miembros de los diferentes grupos. El rol del docente es, por lo tanto, de mediador y facilitador del desarrollo de las habilidades sociales de los alumnos y en la generación del conocimiento (Omeñaca y Ruiz, 2015).

Por todo ello, los niveles de rendimiento escolar son los máximos para cada chica o chico y aprenden, además, a trabajar en equipo como un contenido más.

Ejemplo: sobre programar la visita a un espacio natural.

En nuestra Programación Didáctica de 2º de ESO tenemos previsto hacer una actividad de índole extraescolar en el Parque Metropolitano Marisma de los Toruños y Pinar de La Algaida (El Puerto de Santa María, Cádiz).

Establecemos una **estrategia** consistente en dividir el grupo clase de 24 alumnos en cuatro subgrupos de seis componentes. A cada uno de éstos le proponemos la tarea que deben realizar en un tiempo determinado, por ejemplo, tres días. Lo podemos hacer físicamente dedicándole unos minutos en el aula o bien mandando la información a través de alguna de las plataformas virtuales que admiten el trabajo colaborativo, como

"**Edmodo**". Ya el cuarto día nos reunimos todos y cada subgrupo expone oralmente el trabajo realizado y compartido con los demás en la Plataforma, las posibilidades que nos ofrece la visita y los posibles inconvenientes.

GRUPOS	ACTIVIDADES ENCOMENDADAS
UNO	Transporte de ida y vuelta. Autocar o ferrocarril. Ventajas e inconvenientes de cada sistema. Condiciones para la reserva de tickets. Día/s mejor/es para ir. Reserva de las actividades elegidas. Posibilidad de contratar un "pack" con empresa de servicios deportivos. Horarios y precios.
DOS	Mapas del Parque. Situación geográfica. Senderos interiores y tipos de pavimento. Posibilidad de acceso a playa. Cálculo de distancias a recorrer andando o en bicicleta. Observatorios de aves.
TRES	Actividades que se pueden hacer. Alquiler de equipos: canoas, barcos de vela, paddle surf, bicicleta de montaña, brújulas, etc. Talleres medioambientales posibles, como "ecohuertos", fabricación de la sal, etc. Otras actividades deportivas, como tiro con arco, senderismo, orientación, etc. Exposiciones permanentes o temporales vigentes en la fecha que vayamos. Reservas y precios.
CUATRO	Materiales comunes a llevar en función de las actividades a realizar. Redactar carta para permiso de las familias. Propuesta de alimentación e hidratación. Acopio de bolsas de basura para dejar la zona que usemos libre de cualquier resto orgánico o inorgánico. Realización de fotos y vídeos para colgar el reportaje en la web del centro y que éste sea el PSR.

Evidentemente, a ningún docente se nos escapa que nosotros mismos en un par de visitas a la web del Parque y a la de alguna empresa de servicios de la zona, así como una llamada de teléfono, solucionamos la visita en un rato. Pero, precisamente, esto es lo que pretendemos evitar con esta metodología cooperativa, la implicación del grupo y convertirla en eminentemente participativa.

Además, está la responsabilidad de cada subgrupo y de cada componente de los mismos en la realización de la tarea específica encomendada, para que la actividad en general sea un éxito organizativo de todas y todos.

Les facilitaremos, aunque muy posiblemente el alumnado por su cuenta sea capaz de hacerlo, las direcciones webs necesarias.

Las Competencias Clave trabajadas, entre otros elementos curriculares de varias áreas y asignaturas, son:

1.º **Comunicación lingüística.**
Lenguaje específico de los términos naturales, físicos y deportivos. Posibilidad de infinidad de intercambios comunicativos, uso de las normas que los rigen y vocabulario específico que el proceso metodológico cooperativo aporta.
2.º **Competencia matemática y competencias básicas en ciencia y tecnología**
Mejora de esta competencia por la práctica de los contenidos propios del área. Por ejemplo: dominio del espacio y nociones de orden, líneas, formas volumétricas, figuras, conteo, cantidades, cálculos porcentuales y operaciones matemáticas de distancias, datos estadísticos, etc. al hacer los cálculos de horarios, precios, comparaciones entre ofertas, longitud de los senderos, etc. Adaptación del propio cuerpo al medio. Conocimiento de la naturaleza y su interacción. Abordar cálculos, análisis de datos, gráficas y tablas sobre nociones de orden y espacios, cantidades, etc. El conocimiento de la naturaleza y la interacción con esta hace directamente que se desarrollen las competencias en ciencia y tecnología desde el conocimiento y principios básicos de la naturaleza. La observación del medio, el planteamiento de hipótesis para adaptar la acción al medio desde el conocimiento del propio cuerpo.

3.º Competencia digital.

Habilidades necesarias para buscar, seleccionar, tratar y transformar la información en Internet y otros medios multimedia, de una forma objetiva y productiva, para que dominen el conocimiento de forma autónoma, funcional y segura.

Realizar este proyecto, solucionar problemas y tomar decisiones en entornos digitales, producir conocimiento y publicarlo a través de uso de herramientas de edición digital, usar las TIC como instrumento creativo y de innovación.

Los medios informáticos y audiovisuales ofrecen recursos cada vez más actuales para analizar y presentar infinidad de datos que pueden ser extraídos por los subgrupos y tratarlos en el aula o en una aplicación que permita la actividad colaborativa. El uso de herramientas digitales que permitan la grabación y edición de eventos (fotografías, vídeos, etc.) suponen recursos para el estudio de distintas acciones llevadas a cabo, sobre todo de cara a la evaluación final.

4.º Aprender a aprender.

Habilidades para iniciarse en el aprendizaje y ser capaz de continuar aprendiendo de manera cada vez más eficaz y autónoma habilidades más complejas.

Adquirir conciencia de las propias capacidades (físicas, intelectuales, emocionales), del proceso y las estrategias necesarias para desarrollarlas, así como de lo que se puede hacer por uno mismo y de lo que se puede hacer con ayuda de otras personas o recursos.

Conocer sus potencialidades y carencias, sacando provecho de las primeras y teniendo motivación y voluntad para superar las segundas desde una expectativa de éxito, aumentando progresivamente la seguridad para afrontar nuevos retos de aprendizaje. Por ejemplo, esta actividad que supone colaborar con los demás miembros del grupo clase, genera autoconfianza.

Los proyectos comunes en actividades físicas colectivas facilitan la adquisición de recursos de cooperación.

5.º Competencias sociales y cívicas.

Relacionarse con los demás a través de esta actividad lejos del entorno habitual y seguro que supone el aula habitual.

Favorece las habilidades sociales y el respeto a las reglas y a los demás, sobre todo teniendo la responsabilidad de exponer el trabajo ante los demás miembros del subgrupo y grupo clase.

Cumplir las normas supone la aceptación de códigos de conducta para la convivencia, acudiendo al diálogo cuando ocurra algún conflicto.

Además, en el Parque haremos actividad física como medio de prácticas para un estilo de vida saludable.

Las características de la Educación física, sobre todo las relativas al entorno en el que se desarrolla y a la dinámica de las clases, la hacen propicia para la educación de habilidades sociales, cuando la intervención educativa incide en este aspecto, como es el caso del uso de una metodología cooperativa.

Las actividades físicas, y en especial las que se realizan colectivamente, son un medio eficaz para facilitar la relación, la integración, el respeto y la interrelación entre iguales, a la vez que contribuyen al desarrollo de la cooperación solidaria.

La Educación física ayuda a aprender a convivir, desde la aceptación y elaboración de reglas para el funcionamiento colectivo, como son los subgrupos, desde el respeto a la autonomía personal, la participación y la valoración de la diversidad.

Las actividades dirigidas a la adquisición de las habilidades motrices requieren la capacidad de asumir las diferencias, así como las posibilidades y las limitaciones propias y ajenas.

El cumplimiento de las normas que rigen los juegos colabora con la aceptación de códigos de conducta para la convivencia. Las actividades físicas competitivas pueden generar conflictos en los que es necesaria la negociación, basada en el diálogo, como medio para su resolución.

La Educación física ayuda a entender, desarrollar y poner en práctica la relevancia del ejercicio físico y el deporte como medios esenciales para fomentar un estilo de vida saludable que favorezca al propio alumno, su familia o su entorno social próximo, sobre todo en el medio natural.

6.º Sentido de iniciativa y espíritu emprendedor.
Auto superación y actitud positiva en la organización actividades. Toma de decisiones de forma autónoma y con responsabilidad, ya que lo que hagamos repercutirá en los demás y viceversa. Emplaza al alumnado a tomar decisiones con progresiva autonomía en situaciones en las que debe manifestar auto superación, perseverancia y actitud positiva. Esto lo hacemos porque le damos protagonismo al alumnado en aspectos de organización individual y colectiva de las actividades físicas y deportivas en el marco del medio natural.
7.º Conciencia y expresiones culturales.
La actividad propuesta favorece el acercamiento al fenómeno deportivo en el medio natural.

Otros ejemplos de este tipo de metodología, aunque con **menor componente organizativo,** son los juegos donde usamos recursos materiales "colaborativos". Tales son los casos de los "esquís colaborativos", "andadores" cooperativos, juegos con globos, redes y paracaídas, juegos en organizaciones circulares, desplazamientos con cintas "oruga", juegos de construcción de castillos de arena, etc.

Internet nos ofrece herramientas para trabajar de forma **cooperativa en red**. Otras **plataformas** educativas muy actuales, son: Brainly; Docsity; Educanetwork; Edmodo; Eduredes; Eduskopia; Misdeberes.es; Otra Educación; RedAlumnos; The Capsuled; etc.

3.4. GAMIFICACIÓN O LUDIFICACIÓN.

La gamificación es una metodología de aprendizaje que va adquiriendo cada vez un protagonismo mayor en las aulas, independientemente del área o asignatura. Es muy aplicable en Primaria y Secundaria por ser una herramienta innovadora y motivadora que cada vez usamos más para captar la atención de chicas y chicos que, en muchas ocasiones, se encuentran un tanto desmotivados hacia el nuevo aprendizaje (Gallego, Molina y Lloréns, 2014). La perspectiva lúdica del mismo reconduce esta situación (Ramírez, 2014).

El juego, como sabemos, puede ser el "lenguaje" para relacionarnos con el grupo, sobre todo en el área de Educación Física. Ahora bien, la gamificación no es crear un juego, sino **valernos de los sistemas** del mismo, como puntuación, recompensa, logro de objetivos, etc. que normalmente los componen (Foncubierta y Rodríguez, 2014).

Gamificar el proceso de enseñanza-aprendizaje, significa crear tareas, actividades y ejercicios con una serie de elementos que, normalmente, son:

- **Puntos**. A lograr durante las sesiones, para subir de nivel, rango, etc.

- **Niveles**. Para progresar durante el desarrollo del juego.

- **Equipos**. Su formación nos permite alcanzar objetivos relacionados con la cooperación, comunicación, socialización, respeto a los demás y a las reglas, etc.

- **Badges**. Son los distintivos de un logro, habilidad, etc.: medalla, pin, emblema, etc.

En los últimos años la metodología basada en la gamificación está ganando enteros en nuestras aulas y es una clara apuesta de la industria educativa o "EdTech" (Teixes, 2014). Algunas herramientas o **aplicaciones informáticas** para utilizar en la gamificación, son **Kahoot!** y **Socrative**.

Ejemplo: sobre la realización del juego "Atrápalo".

Una **actividad-tipo aplicada** que nos sirve para hacernos una idea, es el juego del "Atrápalo" (ver https://www.youtube.com/watch?v=F23dRPFF2TI).

Se basa en **relacionar** el área de Educación Física con las demás del currículo, a través de actividades que se signifiquen en ello. Por ejemplo:

PROCESO DEL JUEGO "ATRÁPALO"	
REALIZACIÓN	Cada equipo de 3-4 alumnos, debe superar seis pruebas, en el menor tiempo posible, de otras tantas materias de 6º de Primaria. Por cada prueba superada se consigue un lazo de color (badge).
RECURSOS NECESARIOS	Seis voluntarios adultos o mayores; patio con seis zonas o esquinas marcadas, cada una alberga una prueba o juego. Lazos de colores, cronómetro y marcador.
DURACIÓN	Una sesión de 45 minutos, una vez al trimestre (tres sesiones durante el curso).
DESARROLLO	Tras dividir el grupo clase en seis subgrupos, cada uno se coloca en una zona de juego y tratar de superar la prueba que el mayor responsable debe controlar. Cuando un grupo haya culminado óptimamente la prueba, el supervisor le dará un lazo de color. A continuación, deberán correr hacia la otra prueba, y así sucesivamente hasta completarlas todas.
¿QUIÉN GANA?	El equipo que consiga más lazos. En caso de empate a lazos, recurriremos al tiempo consumido en la realización de todas las pruebas.
PREMIOS	Previamente tendremos establecidos unos "puntos positivos" a otorgar a cada grupo en función de su clasificación, y añadirlos a la calificación final de cada evaluación trimestral.

ACTIVIDADES:

- Zona 1. Educación Física: hacer una figura básica de Acrosport, manteniendo la posición 10 segundos.
- Zona 2. CC. de la Naturaleza: montar un maniquí del cuerpo humano que se encuentra desarmado.
- Zona 3. Matemáticas: resolver, por escrito, un problema sobre tiempos a tardar en un trayecto en función de la velocidad de marcha, kilómetros a recorrer y paradas de descanso.
- Zona 4. Idioma extranjero: completar las palabras que faltan en unos párrafos que tratan sobre baloncesto.
- Zona 5. Música: interpretar una partitura de percusión corporal que le da el voluntario.
- Zona 6. Lengua Castellana y Literatura: señalar si la ortografía de un listado de palabras relacionadas con la actividad físico-deportiva y salud es correcta o no.

3.5. APRENDIZAJE BASADO EN PROBLEMAS (ABP).

Es un tipo de metodología que requiere del alumno una total involucración activa en su **propio aprendizaje**, tomando la iniciativa para resolver los problemas planteados en lugar de ser el docente quien aporte las soluciones (Escribano y Del Valle, 2008).

Delgado Noguera (1992) y muchos autores más, lo reconocen desde un principio en sus propuestas metodológicas como uno de los "estilos cognitivos" (ver 2.2.3). Nosotros lo reflejamos de una manera más específica en este apartado porque la bibliografía especializada y las informaciones y aportaciones de investigaciones recientes lo clasifican en línea con las demás metodologías más vanguardistas.

En Educación Física empieza a ser conocido, sobre todo, a partir del giro que da nuestro área o asignatura tras la publicación de la LOGSE/1990, si bien ya en la Grecia clásica existía. Efectivamente, la **mayéutica**, atribuida a **Sócrates**, es un **método** que se basa en realizar preguntas y sub preguntas problema al alumno o grupo hasta que descubra/n conceptos que estaban latentes u ocultos en su/s mente/s, comenzando por hacer preguntas y adquirir conocimientos que, por su vez, llevan a más preguntas en una espiral de complejidad creciente.

Además de la metodología directiva, centrada en el docente, a partir de los noventa se empezaron a aplicar otras líneas metodológicas *"productivas"*, donde la solución no era aportada por el docente para que el grupo la reprodujera. Cada alumno debía pensar, experimentar y proponer la respuesta al problema planteado por el docente.

Poner en práctica esta metodología no supone sólo el ejercicio de indagación por parte de los alumnos, sino convertirlo en datos e información útil. Las principales ventajas observadas en el uso de esta metodología, son:

- El desarrollo del pensamiento crítico y competencias creativas.
- Progresiva disminución en el tiempo del procesamiento de la información y elección de la mejor respuesta al problema planteado.
- La mejora de las habilidades de resolución de problemas.
- El aumento de la motivación del alumno.
- La mejor capacidad de transferir conocimientos a nuevas situaciones.

Ejemplo: sobre el aprendizaje del bote de protección en Mini Basket.

Estamos inmersos en la realización de una UDI en 6º de Primaria sobre Mini Basket. Concretamente vamos a tratar en la sesión la importancia del llamado "bote de protección", dentro de un modelo vertical u horizontal, corriente reflexiva o comprensiva, etc. Pero siempre teniendo como base el juego del Mini Basket en grupos muy reducidos.

La situación pedagógica o de enseñanza trata sobre cómo proteger el balón mediante el bote cuando somos presionados por el contrario. Al elegir la metodología del ABP planteamos, por ejemplo, las siguientes preguntas-tipo para provocar que el alumno piense en la respuesta poniendo en funcionamiento sus estructuras cognitivas:

PREGUNTAS-TIPO A PLANTEAR A LOS ALUMNOS PARA QUE MEJOREN SU HABILIDAD CON EL BOTE DE PROTECCIÓN O DEFENSIVO EN MINI BASKET
1. ¿Dónde debes centrar tu atención preferente?
2. ¿Dónde debes situar el balón para evitar que el contrario te lo quite?
3. ¿Qué altura debes darle al bote?
4. ¿Debes estar estirado, semiflexionado o muy flexionado?
5. ¿Debes inclinar el tronco?
6. ¿Y las rodillas? ¿Las semiflexionas también?
7. ¿Te sientes más seguro apoyando las plantas de los pies o los metatarsos?
8. ¿Mientras botas con una mano... qué haces con el otro brazo?

Los alumnos van respondiendo a estas **preguntas** y otras similares que les haremos en función de su progreso. También comprobarán si lo que piensan es lo correcto o no. Es necesario que el "alumno defensa" colabore presionando al "alumno atacante" de forma adecuada.

Independientemente de ello, y en determinados casos, algunos docentes mandan "información auxiliar" al alumnado mediante enlaces a videos relacionados con la enseñanza deportiva, en este caso el bote defensivo o de protección en Mini Basket. No estamos totalmente de acuerdo con ello debido a que empezamos a dejar a un lado el problema aportando nosotros los modelos a las posibles soluciones.

3.6. DESIGN THINKING (DT) O PENSAMIENTO DE DISEÑO.

La educación siempre ha sido un buen espacio para la innovación. Maestros en todo el mundo están constantemente intercambiando nuevas ideas y metodologías al aula haciendo el mejor uso de las herramientas a nuestra disposición.

El Design Thinking (DT) -o "Pensamiento de Diseño"- nace con los diseñadores y su método para resolver problemas y satisfacer así las necesidades de sus clientes (Swartz y otros, 2013). Aplicado a la educación, este modelo permite identificar con mayor exactitud los problemas individuales de cada alumno y generar en su experiencia educativa la creación y la innovación hacia la satisfacción de los demás, que luego se vuelve simbiótica (Lupton, 2012).

Consta de cinco fases:

FASES A CONSIDERAR EN EL PENSAMIENTO DE DISEÑO	
EMPATIZAR	DEFINIR
IDEAR	PROTOTIPO
EVALUACIÓN	

- **Empatizar**: observar el entorno para buscar aspectos a mejorar, analizarlo y auto crearse un desafío para encontrar las soluciones, ponerse en situación de...

- **Definir**: recogidos los datos de las observaciones anteriores, deliberación en grupo sobre el problema y transformarlo en un objetivo a lograr.

- **Idear**: "lluvia de ideas" para lograr ese objetivo y seleccionar las mejores en función de nuestras posibilidades.

- **Prototipo**: comenzamos a construir un modelo o prototipo, lo analizamos y aportamos las mejoras teniendo en cuenta los recursos de toda índole a nuestro alcance.

- **Evaluar**: aplicar los criterios de éxito, los cambios obtenidos y hacer una planificación del prototipo construido.

Habitualmente, esta metodología es muy utilizada en el ámbito de las ciencias, mecánica, física, construcciones de maquetas, diseño gráfico, etc., entre otros, aunque también se aplica a reuniones con grupos, con familiares del alumnado, etc...

1º ejemplo de DT aplicado a Educación Física, sobre la creación de un juego.

Partimos de una pregunta: ¿qué problema necesitamos resolver? Por ejemplo, un juego con desplazamientos en posición sedente para que puedan participar sin problemas el alumnado afectado de discapacidad motriz en sus extremidades inferiores.

A partir de aquí utilizamos **herramientas** para:

	EJEMPLO DE PENSAMIENTO DE DISEÑO
EMPATIZAR	Identificar las necesidades que tenemos para jugar todos en igualdad de condiciones al existir en el centro varios compañeros afectados con esta discapacidad. Por ejemplo: ¿cómo nos podemos desplazar desde sentados?; ¿con qué prototipo de acciones y reglas debemos contar?; ¿y con qué modelo de móvil y pavimento?
DEFINIR	Lo que vamos a hacer: un juego adaptado a las circunstancias personales de nuestros compañeros con dificultad en las extremidades inferiores. De esta manera, todos podemos jugar a... Nuestro objetivo es crear este juego con sus reglas.
IDEAR	Innovar soluciones creadoras que todo el grupo aporta y que den respuesta a estas necesidades. Por ejemplo, objetivo del juego; reglamento (equipos mixtos, pavimentos permitidos y sus dimensiones, zonas restringidas, puntos, prohibiciones, tiempos, etc.); habilidades y destrezas motrices posibles (desplazamientos sedentes y sus variantes, pases, interceptaciones, lanzamientos, etc.).
PROTOTIPO	Ponemos en práctica estas creaciones previas del juego creado implementando las mejores soluciones. Incluso nos grabamos para compartir las prácticas, analizarlas en casa y proponer variantes tendentes a la operatividad del juego.
EVALUACIÓN	Reflexionamos sobre el proyecto de juego hecho, así como su desarrollo. Ajustamos las soluciones oportunas a los hándicaps detectados con posibles mejoras para nuevos proyectos.

2º ejemplo de DT aplicado a Educación Física, sobre la creación de un recurso móvil.

Partimos de una pregunta: ¿qué problema necesitamos resolver? Por ejemplo, un pequeño recurso móvil que nos permita practicar malabares sin el problema que suponen las pelotas pequeñas, que ruedan al caerse al suelo provocando mucho tiempo perdido hasta que la controlamos de nuevo. Tratamos de buscar un pequeño móvil, fácilmente controlable y autoconstruido y que, sobre todo, signifique un tiempo mínimo para recogerlo del suelo y seguir practicando la destreza, y que no ruede como las pelotas.

A partir de aquí utilizaremos **herramientas** para:

	EJEMPLO DE PENSAMIENTO DE DISEÑO
EMPATIZAR	Identificar las necesidades del alumnado y que ellos mismos exponen. En este caso, el excesivo tiempo que gastan en recoger las bolas de tenis cuando estamos practicando juegos malabares. Así, la carencia que ellos observan es que el tiempo neto de práctica es escaso por ser inadecuada la pelota de tenis para la fase primaria de este aprendizaje motor. Entienden que debemos usar otro móvil muy manejable como la bola, pero que al caer no ruede.
DEFINIR	Lo que vamos a hacer, nuestro objetivo: un móvil similar a la pelota de tenis, pero que no bote ni ruede, por lo que debemos huir de todo componente elástico. Esta determinación está consensuada por todo el grupo.
IDEAR	Innovar soluciones creadoras que todo el grupo aporta y que den respuesta a estas necesidades. Algunos ejemplos de las opiniones que exponen son realizar móviles similares a las bolas de tenis, pero rellenos de arena, de piedrecitas muy pequeñas, de bolitas de plástico de corcho sintético, etc. La envuelta debe ser

	un trapo, un globo vacío, tela sintética u otro tipo de material muy maleable para que adopte la forma de pelota pequeña y que se pueda sellar para que el relleno no salga al exterior.
PROTOTIPO	Ponemos en práctica estas creaciones previas de los móviles realizados y los probamos para comprobar cuál de ellos se adapta y resulta mejor y más operativo a nuestras necesidades.
EVALUACIÓN	Reflexionamos sobre el proyecto de móvil escogido y las facilidades que tiene para mejorar nuestra destreza manual con juegos malabares. Opinamos sobre las soluciones a aplicar con objeto de mejorar el producto o prototipo realizado.

3.7. THINKING BASED LEARNING (TBL) O APRENDIZAJE BASADO EN EL PENSAMIENTO.

Más allá del debate sobre la eficacia de aprender "de memoria", cuando hablamos de educación, uno de los aspectos más discutidos es la necesidad de enseñar a los alumnos a trabajar con la **información** que reciben en la escuela, bien **físicamente**, bien **virtualmente** a través del uso de las **plataformas** educativas **online**, como "Childtopia", "Mundo Primaria", "Little Smart Planet", "Quizizz", "Edu 2.0", etc. Enseñarles a contextualizar, analizar, relacionar, argumentar... en definitiva, convertir información en conocimiento.

Este es el objetivo del *thinking-based learning* o aprendizaje basado en el pensamiento (TBL), desarrollar destrezas del pensamiento más allá de la memorización, para obtener un pensamiento **eficaz**.

EL TBL es una metodología de enseñanza-aprendizaje en la que el alumno es el verdadero actor de su proceso y el profesor es el que le guía, el que le ayuda a descubrir los conocimientos. A mejor nivel cognitivo del grupo, menor volumen de información y ayuda debemos darle.

El TBL pretende que los alumnos aprendan a pensar con destreza, de tal manera que puedan generalizar este aprendizaje a cualquier contexto, es decir, que se conviertan en **personas pensantes** en cualquier ámbito de su vida.

El colectivo docente, en general, entiende que así debe ser la auténtica educación: una escuela en la vida y para la vida. Nuestra sociedad está en constante cambio y adquirir estas destrezas es necesario para poder adaptarse a los momentos que le va a tocar protagonizar al alumnado.

En esta metodología utilizamos los contenidos académicos y educativos para trabajar destrezas del pensamiento y, de la misma manera, usamos éstas para tratar las materias curriculares.

Enseñamos a los alumnos a tomar **decisiones rápidas**, con lógica científica, a valorar la fiabilidad de las fuentes de conocimiento, a resolver problemas, a entender y crear metáforas, a desarrollar ideas creativas o a llevar a cabo comparaciones, entre otras (Swartz y otros, 2013).

Ejemplo de diseño de un menú saludable.

Deseamos tratar en la UDI contenidos curriculares relacionados con la "Educación para la Salud: dieta saludable y rehidratación", en Secundaria. Los subgrupos deben pensar y crear un menú base fundamentado en la ingesta de productos sanos. Para ello, previamente, les habremos proporcionado **enlaces** a vídeos y webs para que sepan discernir entre lo que significa o no "saludable", así como para conocer la importancia de la rehidratación, sobre todo para la realización de la actividad físico-deportiva en ambientes calurosos.

Tras decidir cada subgrupo en qué consiste su menú, deberán **explicárselo** al resto y **convencer** a sus compañeros de que el suyo es un gran menú. Los demás subgrupos **deliberarán** sobre aquellos aspectos que les han resultado más relevantes de sus compañeros, para incorporarlos a su proyecto de menú.

CONCLUSIONES

Tras el estudio realizado, podemos **resumir** lo siguiente:

- Las TIC, TAC y cuantas denominaciones recojan estas nuevas formas de realizar el proceso de enseñanza-aprendizaje, han venido para quedarse y crecer a gran velocidad.

- Por todo ello, debemos añadir que, si es bien utilizado, nos reportará grandes beneficios como Comunidad Educativa y, por ende, a la sociedad en general.

- Debemos estar al tanto de nuevas herramientas, aplicaciones, plataformas, etc., sobre todo en línea a la seguridad en su uso y que, el posible anonimato que pueda esconderse detrás de un usuario, no se convierta en una facilidad para el acoso o el menosprecio a los demás.

- En Educación Física debemos aprovechar al máximo estos recursos tecnológicos porque conseguimos nuevas formas didácticas en ambientes de aprendizaje distintos a los tradicionales, que conllevan una motivación intrínseca para todos los participantes.

- Las metodologías citadas no son excluyentes sino complementarias. Debemos buscar a cada contenido a impartir la más adecuada para aplicar, en función de los recursos y contexto.

- En muchos casos suponen un "desafío", sobre todo para los docentes que tienen grupos a su cargo obsesionados con que la clase de educación física siga siendo un "recreo vigilado" basado en el "juego libre".

- Como estas nuevas metodologías implican una gran dedicación profesional y personal, es preciso que los docentes recordemos al resto de la Comunidad Educativa, incluso a sindicatos y administración, que nosotros tenemos nuestro **horario de trabajo**, por lo que no estamos obligados a contestar fuera del mismo, pese a la atemporalidad que caracterizan el uso de estas redes.

BIBLIOGRAFÍA Y LEGISLACIÓN

ACHÚTEGUI, S. (2014). *Posibilidades didácticas del modelo Flipped Classroom en la Educación Primaria*. Trabajo fin de grado. U. de La Rioja.

ANNICCHIARICO, R. (2005). *Manual de didáctica de la Educación Física*. Copy Nino. Santiago de Compostela.

BAZ, C. (2006). *El aprendizaje cooperativo*. Revista Andalucía Educativa. Nº 57, pp. 27-30. C. E. de la Junta de Andalucía. Sevilla.

BAZARRA, L. y CASANOVA, O. (2016). *La escuela ya no es un lugar*. Arcix. Madrid.

BLÁNDEZ, J. (2016). *Los Ambientes de Aprendizaje "AA"*. En BLÁZQUEZ, D. (coord.) *Métodos de enseñanza en educación física. Enfoques innovadores para la enseñanza de competencias*. INDE. Barcelona.

BLÁZQUEZ, D.; CAPLLONCH, M.; GONZÁLEZ, C.; LLEIXÁ, T.; (2010). *Didáctica de la Educación Física. Formación del profesorado*. Graó. Barcelona.

BLÁZQUEZ, D. (coord.) (2016). *Métodos de enseñanza en educación física. Enfoques innovadores para la enseñanza de competencias*. INDE. Barcelona.

CAÑIZARES, J. Mª y CARBONERO, Mª C. (2018). *Temario resumido de oposiciones de Educación física (LOMCE)*. Wanceulen. Sevilla.

CAÑIZARES, J. Mª y CARBONERO, Mª C. (2018). *Unidades didácticas integradas en educación física (UDI). Guía para su realización*. Wanceulen. Sevilla.

CHINCHILLA, J. L. y ZAGALAZ, Mª L. (2002). *Didáctica de la Educación Física*. CCS. Madrid.

CNIIE (2014). *Guía para la formación en centros sobre competencias básicas y aplicación digital*. MEC. Madrid.

COLL, C.; PALACIO, J; MARCHESI, A. (2014). *Desarrollo psicológico y educación*. Alianza. Madrid.

CONTRERAS, R.O. (2009). *Los estilos de enseñanza en la recreación. De la teoría a la práctica o de práctica a la teoría.* VII Congreso Internacional Sobre la Enseñanza de la Educación Física y el Deporte Escolar. 3-6 de Noviembre de 2009. Ceuta.

CONTRERAS, R. O. y GARCÍA, L. M. (2011). *Didáctica de la Educación Física. Enseñanza de los contenidos desde el constructivismo*. Síntesis. Madrid.

CONTRERAS, R.O.; ARIBAS, S.; GUTIÉRREZ, D. (2017). *Didáctica de la Educación Física por modelos para Educación Primaria*. Síntesis. Madrid.

DELGADO, M. (1992). *Estilos de enseñanza en la Educación Física. Propuestas para una Reforma de la Enseñanza*. I. C. E. de la Universidad de Granada. Granada.

DELGADO, M. (1993). *Los métodos didácticos en educación física*. En VV.AA. *Fundamentos de Educación Física en Educación Primaria*. INDE. Barcelona.

DELGADO, M. (1996). *Aplicaciones de los Estilos de Enseñanza a la Educación Física en la Educación Primaria*. En ROMERO, C. y Otros, *Estrategias metodológicas para el aprendizaje de los contenidos de la educación física escolar*. Prometo. Granada.

DELGADO, M. (2009). *Los estilos de enseñanza en la recreación. De la teoría a la práctica o de la práctica a la teoría*. En J. F. Ruíz, J. J. Checa, y E. Ros (Coord.). *Centro escolar promotor de actividad físico-deportiva-recreativa saludable. Respuesta a problemas de sedentarismo y obesidad.* (pp.207-224). FEADEF y ADEFIS. Ceuta.

DELGADO, M. A. (2015). *Los estilos de enseñanza de la Educación Física y el Deporte a través de 40 años de vida profesional*. Revista Retos: nuevas tendencias en educación física, deporte y recreación. ISSN 1579-1726, Nº 28. págs. 240-247.

ESCRIBANO, A. y DEL VALLE, A. (2008). *El Aprendizaje Basado en Problemas (ABP)*. Narcea. Madrid.

FERNÁNDEZ GARCÍA, E. -coord.- (2002). *Didáctica de la Educación Física en la Educación Primaria*. Síntesis. Madrid.

FONCUBIERTA, J. M., RODRIGUEZ, J. Mª. (2014). *Didáctica de la gamificación en la clase de español*. Edinumen, Madrid.

GALERA, A. D. (2001). *Manual de didáctica de la educación física. Una perspectiva constructivista moderada.* Vol. I y II. Paidós. Barcelona.

GALLEGO, F. J., MOLINA, R. y LLORÉNS, F. (2014). *Gamificar una propuesta docente. Diseñando experiencias positivas de aprendizaje*. XX Jornadas sobre la Enseñanza Universitaria de la Informática. Oviedo.

GALLARDO, P. y CAMACHO, J. M. (2008). *Teorías del aprendizaje y práctica docente*. Wanceulen Educación. Sevilla.

GIL MADRONA, P. (2003). *Animación y dinámica de grupos deportivos*. Wanceulen. Sevilla.

GIL MADRONA, P. (2004). *Metodología de la Educación Física en Educación Infantil*. Wanceulen. Sevilla.

GIL MORALES, P. A. (2007). *Metodología didáctica de las actividades físicas y deportivas*. Wanceulen. Sevilla.

GÓMEZ, C.; PUIG, N. y MAZA, G. (2009). *Deporte e integración social*. INDE. Barcelona.

HIDALGO, P. P. (1997). *Sinéctica corporal*. En ARTEAGA, M., VICIANA, V. y CONDE, J. *Desarrollo de la expresividad corporal*. INDE. Barcelona.

JONHSON, D.W. y JOHNSON, R.T. (1999). *Aprender juntos y solos. Aprendizaje cooperativo, competitivo e* individualista. Aique. Buenos Aires.

JOYCE, B.; WEIL, M.; CALHOUN, E. (2002). *Modelos de enseñanza*. Gedisa. Barcelona.

JUNTA DE ANDALUCÍA (2007). Ley 17/2007, de 10 de diciembre, de Educación de Andalucía (L. E. A.). B. O. J. A. nº 252, de 26/12/07.

JUNTA DE ANDALUCÍA (2008). *Orden de 25 de julio de 2008, por la que se regula la atención a la diversidad del alumnado que cursa la educación básica en centros docentes públicos de Andalucía.* BOJA nº 167, de 22/08/2008.

JUNTA DE ANDALUCÍA (2015). *Orden de 04 de noviembre de 2015, por la que se establece la ordenación de la evaluación del proceso de aprendizaje del alumnado de educación primaria en la Comunidad Autónoma de Andalucía.* B.O.J.A. nº 230, de 26/11/2015.

JUNTA DE ANDALUCÍA (2010). *Decreto 328/2010, de 13 de julio, por el que se aprueba el Reglamento Orgánico de las escuelas infantiles de segundo ciclo, de los colegios de educación primaria, de los colegios de educación infantil y primaria, y de los centros públicos específicos de educación especial.* BOJA nº 139, de 16/07/2010.

JUNTA DE ANDALUCÍA (2015). *Decreto 97/2015, de 3 de marzo, por el que se establece la ordenación y las enseñanzas correspondientes a la Educación primaria en Andalucía.* B. O. J. A. nº 50, de 13/03/2015.

JUNTA DE ANDALUCÍA. (2015). *Orden de 17 de marzo de 2015, por la que se desarrolla el currículo correspondiente a la Educación Primaria en Andalucía.* B. O. J. A. nº 60, de 27/03/2015.

JUNTA DE ANDALUCÍA (2007). *D. 25/2007, de 6 de febrero, por el que se establecen medidas para el fomento, la prevención de riesgos y la seguridad en el uso de Internet y las tecnologías de la información y la comunicación (TIC) por parte de las personas menores de edad.* C. de Innovación, Ciencia y Empresa. B.O.J.A. nº 39 de 22/02/2007.

JUNTA DE ANDALUCÍA (2010). *D. 327/2010, de 13 de julio, por el que se aprueba el Reglamento Orgánico de los Institutos de Educación Secundaria, art. 3, f; art. 26, 2, i.* BOJA nº 139, de 16/07/2010. C. de Educación.

LUPTON, E. (2012). *Intuición, acción, creación. Graphic Design Thinking.* Gustavo Gili. Barcelona.

M. E. C. (2006). *Ley Orgánica 2/2006, de 3 de mayo, de Educación* (L. O. E.). B. O. E. nº 106, de 04/05/2006, modificada por la LOMCE/2013.

M. E. C. (2015). *Orden ECD/65/2015, de 21 de enero, por la que se describen las relaciones entre las competencias, los contenidos y los criterios de evaluación de la educación primaria, la educación secundaria obligatoria y el bachillerato.* B. O. E. nº 25, de 29/01/2015.

M. E. C. (2014). *R. D. 126/2014, de 28 de febrero, por el que se establece el currículo básico de la Educación Primaria.* B.O.E. nº 52, de 01/03/2014.

MOSSTON, M. (1978). *La enseñanza de la Educación Física. Del comando al descubrimiento.* Paidós. Buenos Aires.

NAVARRO, V. y FERNÁNDEZ, G. (1993). *Evaluación de las estrategias de enseñanza.* Rev. Apunts, 31. pp. 27-38. 1993.

NAVARRO, V. (2007). *Tendencias actuales de la Educación Física en España. Razones para un cambio.* (1ª y 2ª parte). Revista electrónica INDEREF. Editorial INDE. Barcelona. http://www.inderef.com

OMEÑACA, R. y RUIZ, J. V. (2015). *Juegos cooperativos y Educación física*. Paidotribo. Barcelona.

PÁRAMO, Mª. B.; PÉREZ, R. y RUIZ, F. J. (2016). *Metodologías activas para la formación con tecnologías*. En GALLEGO, Mª. J. y RAPOSO, M. *Formación para la educación con tecnologías*. Pirámide. Madrid.

PÉREZ BRUNICARDI, D.; LÓPEZ PASTOR, V. M.; IGLESIAS, P. (2004). *La atención a la diversidad en Educación Física*. Wanceulen. Sevilla.

POSADA, F. (2000). *Ideas prácticas para la enseñanza del la Educación Física*. Agonos. Lérida.

RAMÍREZ, J. L. (2014). *Gamificación. Mecánicas de juegos en tu vida personal y profesional.* Madrid: SC libro.

ROMÁN, J. Mª. (2006). *Estrategias y métodos de enseñanza*. Monografías. Revista Tándem, nº 20, pp. 7-22. Graó. Barcelona.

SÁENZ-LÓPEZ, P. (2002). *La Educación Física y su Didáctica*. Wanceulen. Sevilla.

SÁNCHEZ BAÑUELOS, F. (1996) *Bases para una Didáctica de la Educación Física y los Deportes*. Gymnos. Madrid.

SÁNCHEZ BAÑUELOS, F. y FERNÁNDEZ, E. -coords.- (2003). *Didáctica de la Educación Física para Primaria*. Prentice Hall.

SANTIAGO, R.; DÍEZ, A.; ANDÍA, L. A. (2017). *Flipped classroom*. U.O.C. Barcelona.

SAÑUDO, B. -Coord.- (2017). *Nuevas Tecnologías aplicadas a la Actividad Física y el Deporte*. Aranzadi Editorial. Pamplona.

SICILIA, A. (2001). *La investigación de los estilos de enseñanza en la educación física. Un viejo tema para un nuevo siglo.* Wanceulen. Sevilla.

SICILIA, A. y DELGADO, M. (2002). *Educación Física y Estilos de Enseñanza.* INDE. Barcelona.

SWARTZ, R.; COSTA, A.; BEYER, B.; REAGAN, R.; KALLICK, B. (2013). *Cómo desarrollar en los alumnos las competencias del siglo XXI.* Ediciones SM. Madrid.
TEIXES, F. (2014). *Gamificación: fundamentos y aplicaciones.* UOC. Barcelona.

UREÑA, F. (COORD); GONZÁLEZ, M.; HERNÁNDEZ, M.; MARTÍNEZ, A. y SORIANO, L.M. (1997). *La educación física en secundaria.* INDE. Barcelona.

VELÁZQUEZ, C. -coord.- (2010). *Aprendizaje cooperativo en Educación Física.* INDE. Barcelona.

ZAGALAZ, Mª L.; CACHÓN, J.; LARA, A. (2014). *Fundamentos de la programación de Educación Física en Primaria.* Síntesis. Madrid.

WEBGRAFÍA

REPISO, S. y otros. https //www.youtube.com/watch?v=F23dRPFF2TI

https://www.realinfluencers.es/2017/03/02/8-metodologias-profesor-siglo-xxi-deberia-conocer/

https://www.goconqr.com

http://www.pinfuvote.net

https://www.plataformaproyecta.org/es/recursos-educativos/the-flipped-classroom-aprendizaje-basado-en-el-alumno

http://www.gobiernodecanarias.org/educacion/5/WebDGOIE/WebCEP/docsUp/35707201/Docs/Competencias_B%E1sicas/Tareas/de%20las%20tareas%20a%20los%20proyectos.pdf

http://www.orientacioncadiz.com/Documentos/Publicos/ACE/Materiales%20para%20alumnado/Las%20Tareas%20Integradas.pdf

http://descargas.pntic.mec.es/cedec/guia_materiales_v01/contenidos/guia/modelos_de_tareas_integradas_por_competencias.html

http://www.seer.ufrgs.br/Movimento/article/viewFile/40518/28352

https://mundoentrenamiento.com/aprendizaje-cooperativo-en-educacion-fisica/

http://colaboraeducacion30.juntadeandalucia.es/educacion/colabora/web/172925gt616/inicio/-/blogs/ejemplos-de-gamificacion-en-educacion-fisica

https://view.genial.ly/58b08bcfda452924ec3bcfe2

https://procomun.educalab.es/es/articulos/proyecto-abp-alimentacion-actividad-fisica-y-salud

http://educared.fundaciontelefonica.com.pe/blog/actualidad/design-thinking-para-educar/

https://www.icemd.com/digital-knowledge/articulos/ejemplos-design-thinking-metodologia-fomentar-la-innovacion/

http://www3.gobiernodecanarias.org/medusa/edublogs/cepsantacruzdetenerife/2014/11/19/design-thinking-el-futuro-de-la-educacion-una-nueva-forma-de-trabajo/

https://www.theflippedclassroom.es/rrr/

www.ingramcontent.com/pod-product-compliance
Lightning Source LLC
Chambersburg PA
CBHW080525110426
42742CB00017B/3238